Tomber sept fois, se relever huit

Philippe Labro

Tomber sept fois, se relever huit

Albin Michel

© Éditions Albin Michel S.A., 2003
22, rue Huyghens, 75014 Paris
www.albin-michel.fr
ISBN 2-226-14174-X

À Celle – et ceux qui ont aidé.

« Telle est la vie
Tomber sept fois
Et se relever huit. »

Poème populaire japonais

Prologue

Quelque chose a changé.

Lorsque je me réveille, je suis en nage. Cette expression ne veut rien dire, c'est une image facile, elle ne raconte rien. Il faut corriger : je ne suis pas « en nage », je suis inondé. Je baigne dans ma sueur, ça sent cette odeur de vêtements usés quand on visite un appartement à vendre et qu'il y a des vieux qui l'habitent et on sent leur odeur et on est gêné. C'est moite, les draps, le pyjama, les oreillers sont imbibés d'eau, c'est étonnant, c'est avilissant, ça m'humilie : pourquoi ? Pourquoi avoir plongé cette nuit dans ce liquide qui semble parti de ma poitrine pour faire de mon corps une chose molle et mouillée, une serpillière bonne à jeter ?

D'où ça vient ? Qu'est-ce qui, depuis maintenant des nuits, provoque régulièrement une telle prise de pouvoir ? Qu'est-ce qui a fait céder le barrage ? Il n'y a pas une partie de mon corps, de la racine de mes cheveux jusqu'à mes pieds, qui ne soit humide. Je touche les draps : froissés, imbibés de ce que j'ai exsudé, ils sont inutilisables, à mettre au sale. Le suis-je aussi ? Bon à jeter ? À « mettre au sale » ? Vilaine expression. C'est « sale », ce que je vis ? Ce que je suis en train de devenir ?

J'ai ressenti ça plusieurs fois dans la nuit, car je me suis réveillé plusieurs fois, et j'ai constaté que ça n'allait pas bien – pas bien du tout – mais je n'ai pas voulu m'extraire du lit, je n'en avais pas la force, et puis, bon gré mal gré, je suis parvenu à m'endormir. Sauf que, après le premier réveil, entre trois et quatre heures du matin, en général, je n'ai jamais véritablement dormi.

Et maintenant, c'est le vrai matin, avec la riche réalité de la lumière du jour et la pauvre réalité de mon corps. Il faut se lever, la maison s'anime, les autres vont me voir, me toucher, m'entendre. Honteux, gêné, comme un enfant saisi d'incontinence, je vais tâcher de dissimuler ce que j'ai pris pour un phénomène passager, dû à je ne sais quelle fatigue ou quel virus, mais dont je vois bien, désormais, qu'il s'agit de quelque chose de plus grave à quoi je ne sais faire face. À quoi je ne sais pas donner de définition et qui va bouleverser mes jours – et plus souvent mes nuits.

L'important, pour moi, c'est de raconter, de décrire. Je ne serai pas le premier ni le dernier. Il y a eu toutes sortes de livres, d'essais sur ce sujet – mais rien ne remplace son propre récit, son quotidien de la chose.

Il faut la dire sans pudeur, et tant pis pour les probables épithètes : narcissisme, complaisance, et tant mieux aussi, si ce que je veux tenter de restituer peut aider celles et ceux qui sont entrés dans cette nuit du corps, cette nuit de l'âme, ce que l'on appelle, faute de mieux, la dépression. Comme chacun sait, la formule complète est : dépression nerveuse. Comme s'il s'agissait simplement des nerfs ! Les Anglo-Saxons appellent cela un *nervous break down* – littéralement une brisure nerveuse, une chute, une fêlure. Toutes celles et ceux qui ont chaviré dans cette brisure vers le bas (*break* : briser – *down* : bas) savent de quoi je veux parler. Il paraît qu'un Français – ou une Française – sur cinq connaît ça. Puisque je crois que j'ai appris à raconter les choses, je vais leur dire comment c'était.

Je vais dire aussi qu'on peut en sortir, qu'on peut remonter, que la brisure se referme. Quant aux autres, qui n'ont pas été brisés, que ce récit puisse leur faire comprendre à quoi ça ressemble et pourquoi, lorsqu'ils sont confrontés à ce mystère, il est nécessaire qu'ils fassent preuve de beaucoup de patience, de compréhension et d'amour.

J'ai longtemps hésité avant de me décider à faire le récit de la brisure. J'avais d'autres plans d'écriture, d'autres projets – et puis, c'était derrière moi, tout ça ! – et puis, j'avais assez parlé de moi dans d'autres livres. Et puis, peut-être n'osais-je pas ? Mais c'était idiot, tu dois oser. C'est ainsi que tu as procédé jusqu'ici. Ce que tu as vécu, tu l'as parfois réinventé, enjolivé et transformé et tu as alors appelé cela des romans. Mais parfois tu as raconté une chose vécue, sans fiction, sans faire appel à l'imaginaire. Tes chemins d'écriture ont été dessinés de cette manière : raconter la vie, la tienne, avec cette ambition, cette prétention que le lecteur s'y retrouve et que, de ta petite expérience personnelle, ressorte, si tu as su l'exprimer, une autre connaissance, plus universelle. Que ta lectrice, ton lecteur, se disent : « Eh bien, c'est moi, ça, je connais, je me reconnais », et qu'ils demeurent ainsi ce que tu as souhaité qu'ils soient : ta sœur, ton frère.

Il existe une étrange intimité entre ceux qui l'ont eue et ceux qui l'ont. J'ai reçu, un jour, un coup de fil d'une vague connaissance, un homme d'affaires, une de ces relations parisiennes que je rencontre épisodiquement, au foot, au cinéma, au concert.

– Je sais ce que tu as vécu, m'a-t-il dit. Voilà, je crois que je suis déprimé et j'aimerais que tu me dises comment tu t'en es sorti, qui tu as vu, ce que tu as fait. J'en ai besoin.

Il avait une voix embarrassée, comme après avoir commis une faute.

– Viens me voir quand tu veux, ai-je répondu. N'attendons pas. Demain, cet après-midi, je suis à ta disposition.

Je l'ai vu pénétrer dans mon bureau. Il souriait, pour masquer sa gêne. Il s'est assis et m'a exposé les symptômes dont il était victime. À chacune de ses phrases, à chacun des exemples concrets, chacun de ses menus aveux, je reconnaissais ma propre expérience. Brusquement, cet homme, pour qui je n'avais jusqu'ici qu'une sympathie courtoise mais épisodique, m'est apparu comme un parent, un membre de ma famille, la secrète famille de ceux qui ont désespéré. Je l'ai aimé, puisqu'il souffrait et puisque je savais ce qu'il était en train de subir. Je lui ai donné quelques conseils, avancé quelques principes de base que j'ignorais avant d'avoir connu ça et qui me paraissent, aujourd'hui, évidents, presque enfantins. En nous quittant, je me suis approché de lui et j'ai embrassé chaleureusement ce type qui n'avait jamais compté dans ma vie affective. Je lui ai dit :

– Appelle-moi. Tiens-moi au courant.

Il ne l'a pas fait immédiatement. Je l'ai relancé, l'interrogeant, l'obligeant presque à se soumettre à un petit rapport téléphonique hebdomadaire, ce qu'il a fait, par la suite, en m'indiquant :

– Ça y est, j'ai vu quelqu'un, je prends des trucs, mais ça va mal, tu sais.

17

– C'est normal, lui disais-je, c'est normal. Sois patient, courage !

Ça a duré quelques mois, les coups de fil se sont espacés. Un soir, au Théâtre des Champs-Élysées, à l'entracte, je l'ai aperçu, élégant, charriant avec lui une certaine rondeur du ventre, une épaisseur dans les épaules. Il s'est avancé vers moi, et son sourire transmettait une fraîcheur nouvelle, il avait retrouvé l'étincelle perdue, la petite paillette de gaieté qui révèle la différence entre celui qui plonge dans le noir et celui, ou celle, qui a sorti sa tête de l'eau sombre et redécouvre la simple et irrésistible pulsion de la vie. C'est lui, cette fois, qui m'a pris dans ses bras :

– Ça va mieux, tu sais, a-t-il murmuré dans mon oreille. Je suis en train d'en sortir.

– Je suis heureux pour toi, lui ai-je dit.

J'aurais tellement aimé pouvoir accomplir le même geste de solidarité à l'égard de Bernard, un véritable ami, lui, qui s'est tué d'un coup de fusil pendant l'hiver, à la stupéfaction de ceux qui l'aimaient. Si seulement j'avais compris, lors de notre dernier coup de téléphone, qu'avait retenti comme une frêle sonnette d'alarme cette tonalité morne et morose dans une voix que j'avais toujours connue éclatante, énergique et dynamique. Mais il ne m'avait rien dit, ni avoué, emmuré qu'il était sans doute, déjà, dans l'impuissance de partager une douleur qui ne se voit pas. On devrait pouvoir déceler ça immédiatement, à la nanoseconde près, lorsqu'on est passé par là. Cela m'a échappé, comme à une grande partie de son entourage. Cette charge électrisante de vie, ce phénomène jovial qui cachait derrière sa masse de lutteur la dévorante maladie du doute, n'est plus là aujourd'hui, et je suis coupable, comme d'autres, de ne pas avoir entendu l'appel au secours. Il est vrai qu'il ne criait pas : « À l'aide, à l'aide ! Je me noie ! » Les voix du néant sont muettes, comme les tombeaux.

PREMIÈRE PARTIE

« Il est foutu. »

1

– Qu'est-ce que t'as ?

– Je ne sais pas ce que j'ai, mais ça va pas.

C'est drôle, presque pathétique, de constater à quel point, alors que je me suis toujours cru capable de m'exprimer sans effort, de trouver les mots justes, les images, de briller dans la conversation et y prendre du plaisir, je ne peux lâcher que des formules aussi plates et brèves :

– J'sais pas ce que j'ai. Ça va pas.

Je ne parviens pas à en dire plus. En temps normal, je devrais pouvoir définir précisément ce qui ne va pas. Mais le « temps » n'est plus « normal ». Dans l'instant, les mots me font défaut, ou la force de les dire. C'est peut-être ça : je me sens trop fatigué pour dire ce qui m'arrive. Lassitude, épuisement, tout est lourd, difficile, insupportable. Seul projet, seul objectif : chercher le sommeil et s'y réfugier. Ah ! pouvoir dormir, pouvoir plonger dans l'oubli de moi, mon corps, mes jours de la vie. Et espérer que le sommeil m'aidera et me réparera, que j'en ressortirai meilleur, plus en forme. Vite, vite : du sommeil, comme on réclame de l'eau, du pain, comme un clochard quémande de l'argent !

Et ce n'est pas seulement à l'approche de la nuit que j'appelle et recherche le sommeil. C'est le jour, en milieu de matinée ou en milieu d'après-midi, c'est tout le temps. Au moindre prétexte, je vais m'échapper et fermer les portes, m'allonger, fermer les yeux, clore ces paupières lourdes et poussiéreuses, appesanties par une sorte de sable et de poudre sèche, tomber, tomber, sombrer, m'endormir enfin, quelle délivrance ! Voici le silence, le vide, le repos. Ça va m'aider, ça ira tellement mieux quand j'aurai dormi, quand la fatigue aura disparu. Une heure, c'est tout ce que je demande, ça ira mieux d'ici une heure.

Mais il n'y aura eu aucun repos. Le sommeil aura été trop court. Tu te réveilles en sursaut, en plein après-midi, le cœur battant, effrayé par ce seul acte du réveil, par la conscience de ton corps déréglé, tu trembles de froid, tu es en nage, rien n'y a donc fait, tu ne te sens pas mieux qu'avant, tu es aussi épuisé et vide, déchargé. Et puis tu as dormi quoi ? Une heure ? Tu regardes ta montre. Il est quinze heures trente. Voilà, ça a duré une petite heure. Tu n'as rien réparé, rien reconstruit, tu es plus fragile encore qu'une heure auparavant. Et maintenant, le

24

restant de la journée est devant toi, c'est-à-dire le restant de la souffrance, un espace de douleur et de vide, de peur. Qu'est-ce qui se passe pour que, d'un seul coup, ta vie ait éclaté comme le verre que tu viens de laisser tomber en morceaux et dont, à quatre pattes sur le carreau de la cuisine, tu cherches les éclats, les millimètres de verre, pour que tu finisses par t'écrouler à même le sol, face au sol, totalement vaincu. C'est quoi, tout ça ? Te voilà couché, bras en croix, dans ta cuisine, une loque, incapable de te ressaisir. Mais c'est quoi ?

2

« Je ne sais pas ce que j'ai » est une phrase inexacte. Il faudrait dire : je ne sais pas ce que je suis. Comment je suis devenu cet éparpillement, cette réduction d'homme. J'ai du mal à comprendre comment cela a commencé. J'essaie de déterminer le moment où les choses se sont détériorées, mais je ne trouve pas.

On dirait que c'est venu petit à petit, que ça s'est infiltré, matière noirâtre et verdâtre, dans ma vie de tous les jours. Je ne me suis pas découvert d'un seul coup, un matin, dans cet état de liquéfaction. Ça a dû prendre des semaines, j'ai du mal à fixer une date, une heure, une raison. C'est arrivé en douce, subrepticement, sournoisement, sans prévenir, une vraie saloperie, une lente et insidieuse pénétration comme un reptile glisse en silence autour d'une proie, comme l'encre se répand sur un buvard. C'est une prise de possession, ça m'a saisi, happé, ça m'a asservi. Je suis l'esclave d'une chose indéfinissable qui est en train de me détruire et je lui obéis sans aucune résistance.

La poitrine vous serre. Vous étouffez. C'est à la hauteur du cœur, ça retentit en vous comme si on vous avait battu, comme la présence d'un hématome sur la cage thoracique. Alors, comme la douleur persiste, vous vous dites : j'ai peut-être fait un infarctus sans le savoir. Sinon, pourquoi cette sourde peine taperait-elle sur cette cicatrice ouverte ? Il paraît que ça arrive comme ça, dans certains cas : dans la nuit, on fait un petit infarctus et on continue de fonctionner. Vous décidez d'aller voir un cardiologue. Notre amie Danièle en connaît un très bien.

— Il est génial, ce mec, en plus il est gentil et sympa, tu peux y aller en toute confiance, il ne te parlera pas de nous, même si en ce moment il s'occupe de mon père, et donc on le voit beaucoup — c'est devenu un ami. Vas-y !

Je vais y aller. J'y vais. Soudain, ça devient l'urgence. C'est la chose à faire aujourd'hui, la seule nécessité, il faut tout annuler, rendez-vous, réunions, coups de fil. Cela fait trois ou quatre matins que, au petit déjeuner, je dis à Françoise :

— J'ai mal à la hauteur du cœur, et puis je respire mal, j'ai le souffle court, je suis sûr que c'est le cœur.

À peine arrivé au bureau, j'ai pris un rendez-vous sur une ligne directe. J'ai fait comprendre au docteur que je ne pouvais pas attendre, j'ai insisté, j'ai nommé Danièle. « Bon, venez, je vous prendrai entre deux consultations. » J'ai fait ça sans en parler à ma collaboratrice. Je n'osais pas lui dire qu'il fallait appeler un cardiologue, je ne voulais pas qu'elle sache. Aveugle et sourd au spectacle de ma propre brisure, je m'imagine que je donne encore le change et que personne n'a rien remarqué, alors que d'ores et déjà la rumeur traîne dans les couloirs de la station de radio que je dirige, RTL :

– Il ne va pas bien du tout – il est malade. Vous avez vu sa gueule ?

Mais je comprendrai ça plus tard. Pour l'instant, je déguise, je crois pouvoir déguiser, je joue devant les équipes, collaborateurs et visiteurs, je fais le type qui va très bien. Je crois que je le fais. Je ne vois pas qu'ils ont déjà tous vu. Je joue la comédie. J'ai l'habitude. Ça va ? Oui, oui, ça va très très bien, et vous ?

– J'ai une course à faire. J'en ai pour une heure. Je reviens. Vous pouvez toujours m'appeler sur le portable.

La jeune femme, Anne, m'a regardé, accompagnant mon départ par un sourire bienveillant. Ça n'est pas que je ne lui fasse pas confiance, au contraire. Elle est d'une loyauté et d'un mutisme exemplaires sur mes faits et gestes, depuis les premiers jours de notre collaboration, il y aura bientôt dix ans. Dans cette profession et cette entreprise où le métier de la parole fait qu'on y exerce en permanence une parole – et que cela ressemble à la place principale d'un petit village où tout se dit,

se déforme, se transmet et se transforme, tout désin-
forme, tout se sait, même si ce tout est parfois
infondé – la jeune femme a toujours respecté une
loi du silence qui l'a sensiblement séparée de ses
collègues – comme si on lui en voulait de ne pas
avoir, au moins une ou deux fois, livré quelques
confidences, quelques anecdotes sur son patron.
C'est un modèle de fidélité et de discrétion. Pourtant, je ne lui dis rien. J'ai tellement honte de mon
état que je m'évertue à le masquer en cette première
étape de l'étrange voyage. Pauvre clown, en proie à
tant de symptômes reconnaissables pour qui voit
clair – mais comment, lui, pourrait-il voir clair ?

Le cardiologue porte de fines lunettes, il a un nez
pointu, des yeux vifs, il sourit sans ostentation, sa
voix est douce et posée. C'est aujourd'hui seulement, maintenant que je fais le récit de cette visite,
que je peux me souvenir de son aspect physique.
Dans l'instant, je n'ai pas remarqué un seul trait de
son visage. Moi, l'observateur professionnel, le scru-
teur, le guetteur, le preneur de notes, l'écrivain-jour-
naliste qui se vante de savoir respecter la « chose
vue » du maître Victor Hugo, je ne m'arrête pas une
seconde sur la personnalité d'un homme. Je ne
cherche dans ses yeux rien d'autre que la réponse
à mon angoisse. À peine lui ai-je serré la main et à
peine dit merci en le quittant. On dirait que ce qui

m'a envahi a éliminé toute courtoisie chez moi, tout intérêt pour les autres. Leurs visages et leurs expressions m'échappent, m'indiffèrent. Rien ne m'intéresse que la douleur qui est en train de m'isoler et dresser un mur de verre entre les autres et moi.

– Voilà, j'ai mal là, dis-je au docteur. Au niveau du cœur. Ça fait quelques jours, ça n'arrête pas, je me lève le matin avec cette sensation qu'un trait a été tiré à cet endroit et qu'il a dû se passer quelque chose de violent ou bien que quelque chose est en train de se passer. J'ai besoin de savoir. Je prends des petits trucs le matin, des machins, des pilules qui désénervent, des trucs à base de plantes qu'on m'a vaguement recommandés, il paraît que ça calme, mais ça ne sert strictement à rien, alors je crains et je crois bien qu'il s'agit d'un cœur qui flanche. J'ai peut-être fait un infarctus.

Le docteur M. va m'examiner avec méthode, compétence, en silence. Je me suis allongé. Position qui me convient, j'ai de grandes difficultés à rester longtemps debout, il faut que je sois assis ou couché, comme un vieux, comme un handicapé. Il va passer ses appareils de mesure, développer des petits rouleaux jaunes qu'il va consulter, vérifier, il va prendre des repères et des marques, comparer variations en pointes et en lignes, ce dessin familier de l'électrocardiogramme, cette espèce de bande dessinée dont j'avais déjà une ou deux fois, au cours d'examens de routine, contemplé les cheminements. Il me posera ensuite plusieurs questions simples et nettes.

Il va prendre son temps. J'attends, la main sur le côté gauche de ma poitrine, comme pour atténuer la douleur. Puis, après avoir prononcé le routinier :
– Vous pouvez vous rhabiller maintenant,
il va me dire :
– Votre cœur est en excellent état. Je peux vous garantir que ça se passe très bien de ce côté-là. Il faut chercher ailleurs. Vous pouvez m'appeler quand vous voulez, voici mes numéros, je suis toujours prêt à vous aider. Mais croyez-moi, ça n'est pas là que ça se passe. C'est ailleurs.

J'ai l'impression que ça me soulage de savoir qu'il n'y ait rien au cœur, mais ce soulagement dure quelques secondes, puisque, de toute manière, plus rien ne semble pouvoir me soulager. Bientôt, au contraire, à peine aurai-je fait quelques pas sur le trottoir, je serai à nouveau capturé par l'angoisse, accroché par les pinces du truc invisible qui enserre mon corps et je regretterai que le docteur M. n'ait rien trouvé « au cœur ».

Au fond, j'aurais préféré savoir qu'il s'agissait du cœur. Parce qu'à ce moment-là, n'est-ce pas, on aurait su ce qu'il fallait faire. J'aurais été pris en charge. On aurait observé un protocole. Tandis que là, avançant à faible allure vers la voiture qui m'attend au coin de la rue, courbé, jambes molles, poitrine compressée par la chose inconnue, je n'entrevois aucune solution. Rentré au bureau, je vais m'enfermer à clé : qu'on ne me dérange pas, j'ai besoin de réfléchir, ne me passez aucun appel – et

31

je vais m'étendre sur le canapé que j'avais installé quelques années auparavant, lorsqu'on avait décidé de refaire la décoration de ce vaste bureau. Le lieu était devenu clair, reposant et élégant, un bel espace où j'avais été actif et heureux, sûr de moi, prolixe avec mes visiteurs et mes confrères, patrons de médias, invités, personnalités de tout bord, où j'avais été si fier d'étaler la certitude de mes expériences et le jaillissement de mes idées. Si convaincu que ces hommes et femmes m'aimaient et m'admiraient, si satisfait de recevoir les ondes de leur affection. Je vais donc m'étendre et déposer sur ma poitrine un sweater qui me protégera du froid et je vais fermer les yeux, en plein jour, en plein centre de ce bouillonnement permanent qu'est un lieu de communication, d'information et de spectacle, je vais me couper de cette fébrilité créative qui a été si longtemps ma passion, ma vocation – je vais m'abandonner pour la deuxième fois dans la même journée à la poussière et au sable de mes paupières et à l'impossible espoir que, lorsque je me réveillerai, ça ira mieux.

Mais, bien sûr, ça n'ira pas mieux. Ça ira même un peu plus mal. Ça va, tout le temps, un peu plus mal. Et puis, ça va très mal. Et puis le mot « mal » lui-même n'a plus de sens. Il faudrait trouver un autre mot.

3

Au fond, si je veux y réfléchir aujourd'hui, ça a dû démarrer au moment même où tout allait très bien – très, très bien – alors que j'étais à la veille d'aboutir à ce que j'avais cru devoir être un sommet de mon chemin professionnel.

D'ici quelques mois, je devais accéder à la présidence de l'entreprise. Cela avait été décidé, acté comme on dit, puis annoncé dans la presse, aux collaborateurs, aux auditeurs, et j'en avais retiré l'habituelle satisfaction de la reconnaissance, l'habituelle ondée de vanité, et j'en avais déjà, par avance, reçu les congratulations de mes collègues, de l'ensemble du « métier ». Curieusement, cependant, j'avais senti, lors de quelques réunions et rencontres, l'amorce d'une inquiétude différente de celle, toujours utile, qui consiste à ne pas être satisfait de soi ou de ses résultats. Celle qui oblige à poursuivre l'excellence et à plus exiger de vous-même et des autres. Cela n'avait aucun rapport avec ce sentiment positif qui empêche de vous endormir sur vos succès, vos scores d'audience, votre petite notoriété. C'était plus confus, plus flou. Ça commençait à me tordre l'estomac, je le sentais parfois dans les côtes et les reins, sur le haut des cuisses. Et puis, ça me tordait l'esprit, aussi. Tout en suivant les dialogues et les échanges, je commençais à vivre une observation interne de ma perte d'intérêt pour ce qui se disait. De ma peur de ce qui se dessinait à l'horizon. De ma difficulté de décider. De ma glissade vers le rien, le manque de désir, l'arrêt de l'appétit. De l'ennui et l'embarras que me posaient des problèmes autrefois aisés à résoudre. Bientôt, il n'était plus question de décider. Cela devenait impossible : ni oui, ni non, je ne sais pas, on verra plus tard.

Perte du désir. Je ne désire plus rien, je n'ai plus goût à rien. Manger est une épreuve, boire une punition. La mandarine n'a plus de goût, la purée ne passe pas à travers la gorge, le café laisse des traces d'amertume. La viande, dans l'assiette, a l'air inabordable. Je ne la mangerai pas. Le sucre écœure, le chocolat donne la nausée, le sel n'est pas salé, on dirait que les éléments essentiels de l'alimentation se dérobent à toute envie, tout besoin. Le mieux, dès lors, est peut-être de ne plus rien manger. Boire de l'eau, ça va encore – mais à petites gorgées, sinon ça essouffle, ça perturbe, ça gonfle l'estomac, donc, à la limite, ça aussi c'est insupportable, donc, ne pas boire. Et donc, ne rien faire.

Mais faire semblant, tout de même ! Par je ne sais quel réflexe d'orgueil, la peur de ne pas être à la hauteur de ce que je crois qu'on attend de moi, je vais m'accrocher à mon travail, au bureau, aux horaires et aux réunions. Je vais faire semblant d'être « opérationnel ». Peut-être ai-je commis une erreur. J'aurais peut-être dû tout lâcher et dire : « Voilà, je suis malade, je prends un congé, débrouillez-vous sans moi, je vais me faire soigner. » Mais d'abord, je n'avais pas encore admis et accepté que j'étais malade. Je n'arrivais d'ailleurs pas à définir la maladie. Il faut sauver la face, sauver le job aussi, peut-être ?

Le visage se creuse, cependant. Le type commence à flotter dans ses vêtements. Il vous regarde de ses yeux ternes, il n'est plus capable de sourire. Il y a de plus en plus, au coin de ses lèvres, aux commissures, deux traits divergents, deux petites barres de tristesse qui descendent vers le menton. « Je n'ai pas le souvenir de l'avoir entendu rire au moins une fois depuis des semaines. Vous savez ce qu'il fait toute la journée dans son bureau ? Il ne prend personne au téléphone et ne reçoit pratiquement plus. »

Autre réflexion : « Lorsqu'on sortait de son bureau, on se sentait motivé, exalté et fier de travailler pour lui. Maintenant, quand on le quitte, on est interloqué, on en parle autour de soi. Qu'est-ce qu'il a ? On ne sait plus où on va. Il ne décide plus de rien. » Les actions se ralentissent. L'entreprise qui reposait tellement sur la dynamique d'un homme est en train de piétiner, s'interroger.

Qu'importe, je persiste. Le matin, quand je suis sorti de mon lit inondé et je suis parvenu à avaler un semblant de thé, un semblant de yaourt (« Tu ne prends pas de tartines ? – Non pas envie. »), et je me suis lentement rasé, contemplant avec une curiosité accablée l'accélération de l'amaigrissement des joues, du durcissement autour de la mâchoire, j'ai eu du mal à choisir une chemise et une cravate, et je suis parti pour monter dans une voiture dont le chauffeur m'a regardé avec un air malheureux – je me suis retrouvé dans ce bureau à faire semblant de diriger, et je me suis demandé : Que fais-tu là ? Tout prétexte est bon pour ne pas rester trop longtemps dans la place et rebrousser chemin. J'annule les déjeuners. Je reviens à la maison. Je m'étends sur le canapé du salon. Je dors. Je me réveille en sueur. Ma collaboratrice appelle : « Untel vous cherche au téléphone. » Le simple énoncé du nom d'un responsable du groupe auquel appartient RTL me plonge dans un état d'anxiété, j'ai peur de répondre. Dites que je suis absent. Non, dites que je suis grippé. Non, passez-le-moi.

– Comment allez-vous, cher ami ? Je vous dérange.

– Non, non. Je me reposais.

– Ah bon, à cette heure-ci ?

– Enfin, oui, j'ai très mal au dos depuis quelques jours.

– Ah bon ? Néanmoins, nous aimerions bien vous voir.

– Bien sûr, bien sûr.

Je prends un rendez-vous. Je raccroche. « Mal au dos » ! Qui pourra le croire ? Pourquoi mentir ? Mon interlocuteur a certainement perçu dans le son de ma voix éteinte et voilée, trois octaves en moins, celui d'un homme affaibli, dépourvu de ressort. Je sais bien qu'il s'en est rendu compte. Je suis suffisamment conscient de cette autre preuve de faiblesse : lorsque je parle aux gens, je m'exprime comme si j'étais entré dans le dernier chemin de la vie. Il n'y a ni éclat, ni gaieté, ni robustesse dans ce son qui sort de moi. Cependant, j'élève le ton, je m'efforce de parler fort et vif, tendu, je trompette, je clarinette, mais au moment même où je pousse ainsi la voix pour laisser croire que « je vais bien » une indicible puissance se charge de la rabaisser sans même que je m'en rende compte. À l'autre bout de la ligne, personne n'est dupe :

– Tu parlais faux, me dira-t-on, plus tard. Cela faisait peine à entendre.

Ça fait peine. Tout fait peine. La voix et le regard sont éteints ? Mais c'est tout votre corps qui l'est, éteint !

Les bras, les rotules, les genoux, les avant-bras, les articulations, les muscles, tout semble susceptible de se briser, se froisser, dysfonctionner. Tout devient un poids. Porter quelques livres, grimper quelques marches, se lever et se mouvoir sur cinquante mètres depuis la porte de l'immeuble jusqu'à la portière de la voiture au coin de l'impasse.

Regardez-le se déplacer, le brillant journaliste, le sémillant écrivain, patron de médias, au contact des princes et des voyous de ce monde, regardez le gagneur, le gagnant, l'autrefois beau garçon, bel homme mûr aujourd'hui, celui qui a tout pour lui : une femme qui l'aime, des enfants qui s'épanouissent, celui qui a traversé l'Amérique, la guerre d'Algérie, les épreuves, une semi-mort à Cochin, celui qui a tout gagné, n'est-ce pas, tout !

Regardez cette allure de vaincu, cette démarche lassée, ce revenu de tout, fragile, frileux et vulnérable, regardez-le avancer tandis que les autres s'interrogent :

– Mais qu'est-ce qu'il a ? C'est pas possible !

Le regard des autres compte-t-il autant pour moi ? Le parler des autres ? Je vais bientôt commettre une nouvelle erreur de langage : à l'un des responsables à qui je dois une partie de ma future promotion – laquelle, en fait, me paralyse – et qui finit par susciter une rencontre afin de s'enquérir de mon état, incapable d'exprimer ce que je ressens réellement, je vais bredouiller, pour ne pas dire que ça ne va pas bien dans mon corps et ma tête :

– J'ai des ennuis personnels.

Ainsi énoncée, la phrase va être interprétée

comme l'aveu que quelque chose dans ma vie privée, ma vie « personnelle » me mine. D'ici à ce que mon interlocuteur ait cru que j'ai des soucis dans ma vie de couple, dans ma vie de famille, il n'y a qu'un pas. Cet homme l'a-t-il franchi ? Je ne sais pas. Mais je sais que le ragot et la rumeur vont enfler aussitôt, très vite. Pleins de sollicitude et en apparence concernés, mais déjà occupés par la perspective qu'une place est à prendre, certains, en qui j'avais cru voir des soutiens loyaux, vont entretenir la rumeur et alimenter la sombre vision que je me fais de l'avenir. Bientôt, tous mes actes serviront à démontrer que je n'y arriverai pas, la tâche sera trop ardue, je n'étais pas fait pour cela, je n'étais pas un « manager ». J'apprendrai plus tard que l'un des plus « fidèles parmi les fidèles » se répand dans les couloirs et à l'extérieur de l'entreprise et va dire à plusieurs bavards professionnels, aux rumoristes parisiens qui se chargeront de relayer la formule :

– Il est foutu. On ne le reverra pas.

À vrai dire, au stade où j'en suis, même si ce genre de phrase me blesse lorsque je l'apprends, la blessure permanente, la vraie, la mystérieuse, est tellement plus constante que je me fiche de ces anecdotes. C'est fini, je ne suis même plus atteint par cette parole et ce regard des autres. Car je suis en train de plonger un peu plus chaque jour et chaque nuit – m'agrippant à la seule branche, à la seule certitude, s'il en est encore une, la seule ancre de mon quotidien : mes enfants et leur présence, ma femme et son amour.

4

Elle ne le reconnaît plus. Elle croit voir le visage d'un autre homme.

Cet être courbé et amaigri – il perd quelques kilos chaque semaine –, cet interlocuteur qui n'interlocute plus, ce quasi-muet, voix basse et lente, cette absence de toute affection, cette perte de désir, cette incapacité d'un seul geste de tendresse, d'un seul regard chaleureux ou complice, cette dévalorisation de lui-même – ces mots qu'il prononce à chaque maladresse car il tombe, il casse et il perd des choses ou il en oublie – à chaque fois, ces mots qu'il murmure, tête baissée vers le sol :

– Quel con je fais !

Accentuant ainsi son autodépréciation. Cette fuite dans les yeux, cet arrêt de toute activité créatrice. Ce spectacle, matin et soir, d'un homme que rien n'intéresse ni n'amuse, dont rien n'avive la curiosité, l'appétit, ni même cet amour qu'il énonce régulièrement mais sans conviction, avec monotonie, et dont il ne donne désormais plus aucune

preuve, prisonnier qu'il est de son angoisse. Ce spectacle qu'il livre sans retenue ni orgueil à ses enfants.
Qui est cet homme ? Est-ce le même avec qui elle a
tant partagé, tant vécu d'années et d'instants, d'heures et de minutes ? Qui est cet étranger ?

Tout l'irrite. Le moindre bruit, le son de la radio,
du CD, c'est trop fort, il faut baisser le volume. Les
cris de petits enfants dans la cour, cinq étages plus
bas. C'est insupportable, il faut les faire taire, ils sont
odieux, ces gosses, j'ai besoin de silence, enfin,
quoi !.. Tout le froisse. Son fils, qui a pratiqué avec
lui dès le début de son adolescence le jeu de l'ironie,
la fausse insulte qui n'est qu'une dissimulation de
l'amour, ce garçon avec qui il a construit une relation de connivence, d'émulation et de stimulation,
et qui, pour forger sa propre personnalité, a joué
de la critique et de la contestation, ce que le père
acceptait et encourageait même ! – son fils donc, va
continuer à l'interpeller, le moquer, le singer. Mais
le père ne peut plus accepter ce jeu. C'est cruel, on
l'attaque, on veut le détruire, on se ligue contre lui.
Il **est convaincu** que sa femme et ses enfants ont
formé une alliance pour le ridiculiser, l'humilier. Il
lève les yeux au ciel, engrange l'amertume et le res-
sentiment : personne ne me comprend, tout le
monde veut ma perte...

Lorsque son fils a quitté la cuisine se dirigeant vers
sa chambre pour y travailler, sa femme l'interroge :

– Tu te rends compte de ce qu'il voit ? Ce qu'il
pense et quel effet ça a sur lui ? Il est en pleine

41

année du bac, il a besoin de calme et de certitudes. Est-ce que tu penses à lui ? Est-ce que tu penses à moi ? Est-ce que tu penses aussi à notre fille, qui s'apprête à repartir seule à l'étranger ?

Il y a des soirs, comme ça, où elle ne peut plus retenir ses larmes. Il la regarde. Lourd d'une culpabilité qu'il ne parvient pas à exprimer, il se lève pour la prendre dans ses bras et ne peut que murmurer :

– Je te demande pardon. Ne m'en veux pas. Ça va aller, crois-moi. Je vais faire des efforts. Je te le jure.

Mais ça n'ira pas. Il a menti. Il n'a fait aucun effort. Ça n'est pas qu'il ne veuille pas. Il voudrait bien. Mais il ne peut pas. Il s'enfonce.

5

Elle a pleuré. Je la fais pleurer. Je devrais avoir honte. Je devrais me redresser, cela devrait me fouetter, me redonner un semblant de courage ou alors de chagrin. Je ne suis même pas capable d'une larme. Si seulement je pleurais, si tout cela éclatait en un immense et consolant sanglot, ça fait du bien, parfois, les larmes. Mais rien ne sort, rien ne vient adoucir la douleur. Tristesse et isolement ne sont pas sujets de larmes. C'est une tristesse sèche, un isolement aride, un chagrin stérile.

Définis ta douleur. Ça se passe où ? Dans le ventre ? Oui, c'est ça, c'est là, dans le creux du corps, au milieu de moi comme une vrille, ça tourne et tournoie, ça n'arrête pas de tournebouler comme les centrifugeuses dans les machines, comme une bétonnière qui broie sable et chaux et eau pour en faire du ciment.

Chacun, pour raconter ce mal, ira curieusement chercher des comparaisons chez les animaux. Pour un de ceux qui l'a raconté bien avant moi, il appelait cela le boa, un reptile qui vous entoure et vous étouffe. Un autre a évoqué le crabe, qui avance avec ses pinces pour dévorer l'oiseau blessé sur la plage rosâtre. Un troisième a parlé d'un singe avec ses griffes et sa façon de vous capturer et ne plus vous lâcher, avec sa laideur et son rictus. Je n'arrive pas véritablement à trouver l'animal qui conviendrait : un rat, peut-être, un rongeur, une créature noire qui n'en finit pas de vous mordiller et d'élargir le trou au milieu de votre corps. Oui, c'est pas mal, ça, c'est assez près du vrai. De toute façon, on va chercher vers la bête – la bête venue des abîmes, de l'océan, la bête qui est devenue un jour, au fin fond des siècles passés, un homme.

Cependant, je me dis aussi que la bétonnière dont je viens de parler, cela conviendrait assez bien. Il y a une grande cuve tournante, on y jette du mortier, du sable, du ciment, de l'eau, du gravier, et ça remue et ça tournoie. Voilà, c'est une centrifugeuse – « appareil permettant de soumettre des corps à une rotation très rapide pendant des intervalles de temps variables ». Dans le cas qui m'occupe, la rotation n'est pas rapide, c'est lent mais inarrêtable, et les substances qui se séparent ne sont rien d'autre que ma volonté et mon désir. Elles éclatent.

Gravier, ciment, rat qui vous grignote, qu'importe l'image ou la comparaison : ça fait mal, ça fait souffrir, c'est physique une angoisse, ça n'est pas simplement des pensées négatives, cela se passe, là, au centre de vous. Si seulement ça pouvait s'arrêter !

Si seulement ça pouvait se reposer, cette bête ou cette machine, si seulement ça prenait des pauses, si seulement ça observait des arrêts de travail. Celui qui n'a pas connu ça ne peut absolument pas comprendre.

D'une manière ou d'une autre, tout le monde a tenté de décrire ce qui est indescriptible. Le matin au lever, premier pas sur le sol, un vertige vous saisit. Vous vous rattrapez au mur, à la porte du placard. Ce faisant, vous vous apercevez que vous tremblez. Vous passez devant une glace. Vous regardez ce type qui n'est pas vous. L'horreur de la situation, soudain, vous frappe comme un coup derrière la nuque. Alors, il faut s'asseoir sur le rebord du lit. Vous ne pouvez plus avancer. Vous n'osez plus repasser devant la glace. Vous êtes face au rien, au néant. Nietzsche a écrit : « Si tu plonges longtemps ton regard dans l'abîme, l'abîme te regarde aussi. »

Eh bien, voici le terme exact : l'abîme me regarde. Je suis face au gouffre de la perte des sens, au rien qui se cache derrière le pourquoi des choses. Je sens que je suis regardé par du vide et du noir, l'absence de toute humanité, de toute grâce, toute croyance. Je ne crois plus en rien. Je ne crois plus en moi.

Ce que j'ai écrit ne vaut rien. Des livres puérils, naïfs et superficiels, anecdotiques, des mensonges et de l'imposture, de la tchatche et de la vantardise, un peu de technique, oui, un semblant de style, mais c'est des trucages, du vent, de la poudre aux yeux. Les films que j'ai tournés ? Des caricatures de ciné-ricain de ma jeunesse, des parodies, de l'agitation, des gens qui montent dans des voitures et qui se tirent dessus, des gens qui courent, des poncifs, des acteurs que je n'ai pas su diriger, des actrices à qui je n'ai pas su transmettre ce que j'attendais d'elles, des chefs opérateurs à qui j'ai indiqué des mauvais cadrages et qui faisaient semblant de m'obéir. De la bande dessinée, des succès bidons et des critiques complaisantes, j'ai cru que j'avais du talent, je n'avais qu'un peu de savoir-faire. Les travaux de ma vie entière se déroulent dans ma tête, aucun d'entre eux ne trouve grâce à mes yeux.

Ainsi, je déambule lentement dans le couloir de l'appartement, glissant sur des pantoufles moites, dans une robe de chambre froissée, vieille dame qui s'accroche aux aspérités des murs, et je longe les deux murs que nous avons, Françoise et moi, constellés de photos encadrées, souvenirs et moments de vacances, réunions, mais rappels aussi et repères de nos bonheurs et de mes réussites. À quoi riment ces images ? Quelle est cette vie affi-chée et qui me renvoie des scènes dans lesquelles je ne me reconnais pas ? Me voici dirigeant Bel-mondo dans *L'Héritier*. Je suis entouré des comé-diens et comédiennes du film, je pose comme un petit roi, dans mes bottes de cow-boy, ma parka de l'US Army, mes écharpes, mes chapeaux, mes dégui-

46

sements, mes accoutrements et ces cheveux que je laissais pousser jusque sur les épaules puisque c'était la mode et puisque c'était l'âge. Quelle comédie ! Quel amour de soi ! Nous voici, tous les deux, heureux et enlacés sur une plage lointaine. Ma femme est belle et j'ai l'air euphorique, enivré. Nous voici plus tard, avec notre fille et notre fils, au pied d'un gratte-ciel à New York ou plus tard, avec les mêmes, sur une jetée en bois à Long Island. Nous souriions tous, nous souriions tellement qu'on pourrait presque entendre nos rires sortir du cadre de la photo. Quelle curieuse scène : comment ai-je pu être aussi insouciant et pourquoi tout allait-il bien, alors ? Voici, ensuite, les visages des amis et amies : qui sont-ils, que veulent-ils, que me veulent-ils ?

J'ai réussi à marcher sans trébucher jusqu'à la table de la cuisine où m'attend le petit déjeuner dont je me demande ce qui pourra me pousser à le consommer. Comme chaque matin depuis près de quinze ans, un cycliste de RTL est venu apporter les journaux du jour. C'est un des privilèges dont j'ai joui et qui a constitué l'une des pendules dans mon rythme de travail. C'était, avec le thé et les tartines, les yaourts et les céréales, ma nourriture la plus nécessaire, manière indispensable de commencer la journée. Dévorer la presse, passer d'un titre à un autre, utiliser ce scanner que des décennies d'exercice de ma profession m'ont appris à maîtriser. Je lisais vite, efficacement, toute info m'était fructueuse, je prenais des notes, appelant parfois la station pour dire aux gars dont je venais d'entendre les bulletins du matin qu'ils avaient oublié tel chiffre, négligé tel aspect de telle affaire, qu'ils auraient peut-être dû insister sur telle déclaration. Je ne les embêtais pas trop. Ils travaillaient très bien. J'aimais, pourtant, leur faire sentir qu'ils étaient écoutés par le *boss*, il les suivait, et je savais, puisqu'ils me l'avaient confié, qu'ils appréciaient cette surveillance bienveillante, ce soutien. Les journaux du matin, je pouvais vite et clairement en retirer l'essentiel – construire ainsi une vision de ce qui se passait dans le monde et en France et dénicher parfois le détail dont je pensais qu'il révélait parfois plus que les gros titres et les éditoriaux. Comme j'aimais ça, la presse le matin, avec RTL dans le fond de mon oreille !

Eh bien, désormais, j'éprouve un ennui pesant à soulever cette liasse qui va de *Libé* au *Figaro*, du *Parisien* au *Herald Tribune*, des *Échos* à *L'Équipe* :

– Tu ne lis rien ?

– Non, pas envie.

Machinalement, pour obéir à ce conditionnement, cette seconde nature, j'ai jeté un coup d'œil sur les « unes » et puis une implacable lassitude m'a fait rejeter le tout. Les journaux non dépliés reposent à côté du thé non bu, du bol de céréales non entamé, j'ai déjà oublié les titres, je ne sais pas ce qui se passe, ça m'est totalement, tristement égal. Et je n'appellerai pas les gars à la station. D'ailleurs, ils se sont fait une raison, ils n'attendent plus mes appels. Ils ont suffisamment entendu la rumeur :

– Il est foutu.

Il y a une autre coutume à laquelle je me suis toujours plié jusqu'ici. C'est devenu l'un de mes plaisirs, l'un des privilèges de qui exerce la fonction de patron de média. Lorsqu'une personnalité d'intérêt ou d'importance – politique, sportif, littéraire, artistique – vient s'exprimer en direct dans le journal du soir (dix-huit heures) ou bien à l'invité du matin (vers sept heures cinquante), je descends le demi-étage qui sépare mon bureau des studios de diffusion pour l'accueillir, lui serrer la main, bavarder dans le couloir avant et après l'émission, jouer le rôle multiple d'hôte, de responsable, de porte-fanion d'une équipe et d'une station. Et enfin, pour assouvir ma curiosité de journaliste, ce qui ne m'a jamais abandonné : le goût d'observer, interroger, se sentir au cœur des choses, « au contact des gens », ce qu'on appelait les « gens » et qu'aujourd'hui les destructeurs du langage ont intitulé les « people ».

Malgré la broyeuse qui, au centre du ventre et de la poitrine, tourne et fouille et farfouille et fait vriller l'amertume et le doute, je vais m'astreindre à encore « faire le métier ». Le Premier ministre est annoncé ? Je descends. La star de cinéma se pointe ? Je m'arrache du fauteuil dans lequel je somnolais et je descends. L'écrivain rare et talentueux apparaît dans le vestibule ? J'y vais, je descends ! Souris, souris-leur, nom de Dieu, redresse tes épaules et efface l'affaissement de ton corps, secoue la tête, montre-toi, parle-leur, marche droit, interroge et écoute, sois ce que tu as été ! J'ai l'impression d'une lutte sans issue, d'un mur que je dois déplacer, d'une colline que je dois grimper, d'un rocher que je dois pousser, tellement il est difficile, presque insupportable, d'avoir à faire le beau ainsi, le poli, le courtois, le diplomate, l'intéressé. Mais j'y vais quand même et au moment où je serre la main, j'invite à prendre un café ou un thé à la table à laquelle viennent s'asseoir quelques journalistes et collaborateurs, je suis balayé par un sentiment d'indifférence épuisée : tout ça n'a pas d'importance et ne présente aucun intérêt, je ne comprends même pas de quoi ce type aux cheveux blancs frisés, aux yeux presque écarquillés, aux lunettes cerclées de fin métal est en train de nous parler. Cependant, je reste assis, entouré des jeunes hommes et femmes qui composent la rédaction de la station. Je vois bien qu'ils ne regardent pas seulement le Premier ministre, ou la star de cinéma. Je vois bien que, par instants, l'un d'entre ceux qui, je l'ai cru, m'aiment et m'estiment, jette un coup d'œil furtif vers moi, vers « le patron ». Le patron fait semblant. Il n'est pas là. Il a beau marmonner quelques approbations, quelques critiques, il est absent. Ses yeux sont morts et ses lèvres sont minces et l'on entend à peine sa parole. Il sent que ces jeunes gens s'interrogent :

– Qu'est-ce qu'il fait ici ? Est-ce bien utile de donner au chef du gouvernement le spectacle d'un

50

patron qui n'est plus maître de soi – toutes lumières éteintes ?

Peut-être aussi, avec cet instinct qui fait de chaque journaliste au pire un voyeur, au mieux un indiscret, peut-être éprouvent-ils je ne sais quel plaisir à voir se défaire celui qui les a dirigés, séduits, irrités ou intimidés. Peut-être trouvent-ils dans cette vision une sorte de satisfaction – mais peut-être aussi sont-ils gagnés par une solidarité muette. À cause de la permanente paranoïa qui me parcourt, je n'ai cru voir que le vice dans leur regard, alors qu'il y avait sans doute, plus simplement, compassion et tristesse.

Mais on ne voit rien lorsqu'on souffre et, lorsque malgré cette souffrance on se croit tenu à des obligations, des gestes, un comportement social, quand on voudrait encore jouer la comédie alors que, le rideau tombé, il ne reste, dans la gorge du comédien, qu'un goût de cendre et de poussière.

6

Elle va tout essayer. Elle va m'envoyer voir un acupuncteur. Cet homme avait fait des merveilles. Il avait tiré une de ses amies du désarroi dans lequel elle se trouvait.

Je commence les séances. Ça se passe près de la porte de Saint-Cloud. Le type porte un nœud papillon, il a des lunettes fines, des cheveux drôlement frisottés, il ressemble au chef d'un petit orchestre qui jouerait sous le kiosque à musique d'une ville d'eau, il m'assure qu'en quelques séances, cela va aller mieux. Je me laisse acupuncter, persuadé que cela ne servira à rien. Ça pique un peu partout, je suis à moitié nu, j'ai froid, je sors de là sans enthousiasme, j'y reviendrai deux, trois, quatre fois et puis j'abandonnerai. Je n'y crois pas. Peut-être que je ne veux pas y croire. J'annulerai le prochain rendez-vous en bredouillant une excuse. Au bout du fil, le chef d'orchestre au nœud pap'n'insistera pas non plus. Peut-être n'y a-t-il pas plus cru que moi. Après tout, pour guérir, il faut être deux. Et cet homme fin et courtois avait sans doute lu, dès la première visite, sur mon visage hagard et dans mes yeux sceptiques, la certitude que ses petites aiguilles n'étaient pas assez puissantes pour enrayer le travail de la centrifugeuse.

Le silence s'est fait autour de nous. Sorties, amis, dîners, départs à la campagne en fin de semaine, tout s'annule et se suspend. Quand tout va mal, le cercle se rétrécit, et seuls deux ou trois amis, parfois sur l'injonction de ma femme, vont me parler.

— Viens, dit-elle à l'un d'entre eux, ça peut lui faire du bien.

— Tu as envie de voir Pierre ? me demande-t-elle.

— Oui, oui, ai-je répondu, à peine certain de ma réponse.

Pierre B. est de passage à Paris. Ce chaleureux Méditerranéen est un ami de longue date. Sa fille et la mienne se connaissent depuis toujours. Nous avons ensemble un passé de vacances, de rires, de chagrins partagés. On a fait les imbéciles, tous les deux, à Salzbourg, en Corse, il m'est donc simple de lui livrer les éléments de mon mal, les péripéties qui m'ont amené à cette perte d'énergie. Il est encore plus facile de lui avouer ma faiblesse que de le faire à ma femme, tant j'ai la sensation que je l'accable et que je la détruis. Pierre n'est là que pour une petite heure, il repart à l'étranger où il habite maintenant. Concentré sur le récit de ma douleur, j'oublie que Pierre a souffert de son côté, tellement plus que moi, ayant perdu un enfant – un suicide –, ce qui a, je le sais, éradiqué une partie de sa joie de vivre et de sa vision du monde. Mais cela ne m'effleure pas, je ne parle que de ma douloureuse petite personne, je me raconte.

N'aurais-je pas dû, un instant, me souvenir que j'avais en face de moi un homme à jamais déchiré par la pire des tragédies ? N'avais-je pas prétendu lorsque j'étais sorti de l'hôpital Cochin, huit ans plus tôt, que dorénavant, je serais plus sensible à la douleur passée ou présente des autres ? Où s'en est allé mon altruisme ? Pierre est assis dans un fauteuil en face de moi, près de la fenêtre, m'offrant son bon visage attentif et compréhensif.

J'occupe le coin extrême du canapé du salon dont j'ai fait mon point fixe, ma base, mon refuge. D'une manière générale, maintenant, je ne me sentirai à peu près à l'aise que dans certaines parties de l'appartement et pas d'autres. Certains meubles semblent sûrs et fiables, pas d'autres. Je ne monte plus les quelques marches qui mènent à la mezzanine où j'ai installé mon bureau, mes souvenirs, mes fétiches, mes rames de papier et où j'écrivais livres, manuscrits et articles. Il est vrai que je ne sais plus écrire. Certains jours, quand ça va encore plus mal que d'autres, je vais avancer à petits pas du coin de mon lit à la porte de la chambre, aventurer un pied dans le couloir, puis faire tout de suite retraite afin de me cantonner dans le court espace entre le rebord de ce lit, le petit sas (deux portes) – un placard – qui mène au couloir et ne m'en dégagerai plus.

Et quand j'aurai, parce qu'une visite m'y obligera, difficilement atteint le salon, je ne pourrai m'asseoir que dans le même angle du canapé, nulle part ailleurs, et je m'y confinerai une fois le visiteur parti. Je serai capable d'y rester prostré, muet, des heures entières, guetté par l'immobilisme des membres, en proie à la tentation de l'agoraphobie.

Pierre écoute et me parle de sa voix douce :

– Tu es malade, admets-le. Je connais ça, j'ai connu ça, c'est une maladie. Ça arrive. Ça n'est pas anormal, ni déshonorant, ni définitif. Il faut se faire soigner. Il faut peut-être t'éloigner. Une maladie, ça se traite. Accepte-la, accepte que tu es malade, prends ton temps, tu as assez donné de toi et de ta personne, ils peuvent bien t'attendre, tous les autres ! Ils peuvent bien comprendre ! Personne ne peut t'en vouloir. Arrête de culpabiliser.

Il a les yeux clairs dans un visage tanné. Avec un sourire dépourvu d'artifices, il tente de provoquer mon propre sourire, mais je ne sais plus comment on fait, mes lèvres ne répondent pas. Je voudrais lui dire : « Pardon, mais je n'y arrive pas. »

Pierre s'en va.

– Ne me raccompagne pas, dit-il en m'embrassant.

Je serais bien en peine de le faire : les trois mètres qui séparent le salon de l'entrée semblent infranchissables. Je reste cloué dans mon angle de canapé. Qu'ai-je retenu de ce discours, que je suis malade ? Ce qui est étonnant, c'est que je ne l'admette pas encore. Malgré tout ce qui m'arrive, je n'intègre pas cette notion. Et d'abord, si je suis malade, comment s'appelle cette maladie ? Je ne sais pourquoi, je n'ai pas encore entendu prononcer le mot précis : « dépression ». Cela paraît incroyable, avec le recul, mais il n'a pas encore fait irruption dans ma vie. Autre signe de mon aveuglement et de cette honte qui m'a gagné, et de la honte que j'ai d'avoir honte.

Deuxième visiteur, quelques jours plus tard. Il s'agit d'Alain M., indispensable complice, intelligence et rapidité, avec qui, depuis des années, j'échange, plusieurs fois par jour, informations et opinions, sensations et jugements. Il navigue au cœur de ce « village » dont, sans être dupe, il suit et parfois précède le rythme et le bruit. Ceux qui ne l'aiment pas (ils sont nombreux) l'accusent d'opportunisme et d'attraction pour le pouvoir. Ceux qui l'aiment (ils sont nombreux) apprécient la vivacité de sa pensée, la loyauté de son soutien, sa liberté d'action et cette faculté de toujours chercher une solution positive à la noirceur des événements, quels qu'ils soient.

Un ami, pour moi, à partir d'une certaine durée d'amitié, à partir de certaines épreuves communes,

devient un frère. On dépasse le jugement ou le pré-
jugé, on ne retient que le privilège d'être en
confiance, en osmose, de jouir de cette faculté de
pouvoir tout se dire et de pouvoir en rire. Les amis
ont tort, se contredisent, se trompent – pas grave.
On oublie et on avance. Ces amis-là sont rares, raris-
simes. Un autre, qui accompagnera toute mon
épreuve, Pierre H., fait partie de cette même asso-
ciation que j'appelle la « famille de cœur ».

– Je vais te faire un état des lieux, me dit Alain. Tu
as récemment réussi un roman au sujet casse-gueule,
osé raconter à la première personne les émois d'une
jeune fille. Tu aurais pu te discréditer auprès des critiques. Non seulement ils saluent la performance
mais, en outre, tu connais un succès commercial.
Simultanément, tu vas être adoubé comme patron
d'une radio dont tu es depuis plus de dix ans
l'emblème indiscutable. Rien donc, objectivement,
ne justifie que d'un seul coup tu t'immobilises dans
ta démarche et que tu nous donnes le spectacle
du type désemparé, incapable d'exécuter, traînant
sa carcasse dans un univers qui n'en revient pas et
qui jase.

Je proteste d'un geste de main, d'un murmure de
voix :

– Je ne me donne pas en spectacle, je ne me montre plus.

Il sourit, bref et sec.

– Précisément, tu ne te montres plus, on ne te
voit plus et on ne t'entend plus. Et tu ne diriges

plus, et tu vas perdre la confiance de tes actionnaires qui ont été très patients jusqu'ici. S'il ne s'agissait pas de toi, si tu n'avais pas accumulé tous ces crédits, tous ces succès, il y a longtemps que tu aurais été débarqué pour cause d'immobilisme.

– Je ne peux rien y faire, dis-je.

Il se penche en avant. Sa voix se fait plus persuasive :

– Si tu ne veux pas de ce job, si tu n'en peux plus, mieux vaut le dire, on trouvera une solution, on t'aidera. Pierre H. et moi t'aiderons. Mais je ne peux pas t'aider si tu n'y mets pas du tien.

J'évite de répondre. Comme si j'avais besoin de me faire un peu plus mal, je lui demande :

– C'est qui, les gens qui jasent ?

– Écoute, peu importe. On ne parle que de ça dans Paris. Tu sais bien ce que je veux dire. C'est tout un milieu, et pas seulement des confrères, puisque tu te déplaces comme moi dans plusieurs univers. Tu n'imagines pas ce que je peux entendre.

7

J'ai imaginé, un instant.

À Séville, dans une partie du palais royal de l'Alcazar, il existe un long chemin bordé de murettes qui surplombe les jardins. Je ne sais pourquoi – je l'ai lu à l'époque, mais j'ai oublié – il a été baptisé la Galerie des Grotesques. L'expression surgit en moi : la Galerie des Grotesques ! Paralysé dans le coin d'angle du canapé, je revois quelques échantillons de ces grotesques.

Il y avait ce grand échalas enveloppé dans sa suffisance, l'étalage permanent de son érudition. Doucereux, enjôleur, prompt à caricaturer les puissants en leur absence et à les flatter en leur présence, un vrai figurant de cour, papillonnant au milieu des cérémonies, aux aguets de la prochaine main à serrer. Sûr de son verbe et de son réseau, pénétré de sa facilité à reprendre le dessus aux moments les plus périlleux de son habile carrière, il était souple, lâche comme les matamores et craintif, malgré son apparente certitude. Efficace dans son refus de se commettre et n'œuvrant que pour le maintien de sa place acquise. Mais aussi apeuré, parce que toujours hanté par le spectre de la vérité mise à nu, de son affreux petit secret. Il tournait sur lui-même comme une toupie. Son génie résidait en ceci : la toupie ne vacillait jamais. Il avait de la réserve – mais vous n'auriez pas partagé une cellule de prison avec lui, ce n'était pas le genre d'homme avec qui vous seriez parti au champ de bataille.

Il y avait ce parasite mondain, ce mythomane sans vergogne, cet écornifleur de luxe, inventeur de sa propre existence. À l'entendre, il avait tout fait, tout vu. Curieusement, les exploits guerriers, les découvertes exotiques, les conquêtes féminines dont il se vantait d'être l'auteur, avaient toujours eu lieu dans des contrées éloignées, sans témoin. Personne ne songeait, d'ailleurs, à vérifier la véracité de ses dires. Il était trop agréable et sociable. Beau de sa personne, grand, le front haut, le menton carré, une silhouette d'athlète et des vêtements de dandy, il donnait le change avec nonchalance. Comme beaucoup d'hommes de ce genre, il portait le cheveu un peu trop long dans la nuque, un peu trop gras. Il jouait avec un cigare. Sa bonne éducation, son passage à travers quelques corps constitués lui avaient permis d'obtenir une position avantageuse auprès de poids lourds de la place, hommes d'argent et d'industrie, monstres politiques ou médiatiques qui trouvaient en sa compagnie un conteur de talent, un éventuel pourvoyeur de plaisirs. Sa capacité d'évoquer les jungles d'Amazonie aussi bien que les salons exclusifs de Park Avenue lui ouvrait les portes de nombreux cercles, l'écoute des épouses délaissées, des veuves inactives, des vieilles célibataires liftées en recherche d'accompagnateur. De sa vie, il n'avait payé une addition.

Il y avait cette imposante dénicheuse de talents, organisatrice de spectacles et d'événements promotionnels, à la tête d'une équipe de filles qu'elle menait à la schlague et à qui elle avait inculqué qu'on ne s'est jamais ruiné en sous-estimant le goût du grand public. Elle semblait n'avoir pas d'âge et avait brisé les cœurs de beaucoup d'hommes, éveillé le désir de beaucoup de femmes. C'était une meneuse de jeu, une locomotive, elle touchait à toutes les branches du business des apparences, elle pouvait vous livrer, clés en main, une comédie musicale, une émission à controverse, un concept de gala. Elle n'était pas belle mais elle avait de l'abattage, et les couleurs dont elle avait teinté sa lourde chevelure ressemblaient aux saisons, rousse en automne, blonde en été, on aurait tiré son chapeau devant une telle réussite s'il n'y avait eu son irrépressible mauvaise langue, sa soif inextinguible de ragots, son talent insane à inventer les plus répugnantes insinuations. Elle vous les livrait avec une telle assurance qu'il était difficile de tout rejeter en bloc et de n'entendre dans ce concert vipérin que le mensonge et la volonté de nuire. Par conséquent, on était tenté de croire n'en fût-ce qu'une portion, mais cela suffisait, dès lors, à son entreprise de démolition de ses contemporains. Elle trouvait, dans l'exercice de cette authentique méchanceté, la compensation des frustrations qu'elle n'avouait pas, d'une tendresse dont elle avait toujours manqué et l'amère certitude qu'elle ne serait jamais aussi célèbre que les stars qu'elle prétendait avoir inventées, et qui lui devaient tout, disait-elle, quand ces dernières, écœurées par la densité de sa haine d'autrui, décidaient de se passer de ses services.

Il y avait ce couple agité, présent à toutes les fêtes, dîners et enterrements. Lui, madré et ingénieux, visage sans âge, le cheveu teint et légèrement transplanté sur le devant, ce qui lui donnait l'air d'une marionnette aux manières parfois efféminées, le dos courbé à force de l'avoir courbé devant tout porteur de nom, de pouvoir ou d'honneurs, brillant manœuvrier hanté par le profit, la négociation et le palabre, l'entremise et la commission après résultat. Il avait tellement consacré sa vie à l'argent que son œil s'était noirci comme la teinte de ses cheveux et que des cernes sombres et avides creusaient le bord de ses paupières flétries. Elle, petite puce au teint rougeâtre qu'elle dissimulait sous une poudre d'autrefois, l'haleine toujours un peu chargée de vin, frénétique embrasseuse et hurleuse de prénoms envoyés à l'autre bout du salon, des mains fortes avec des

avant-bras de camionneur, au point qu'on se demandait si c'était elle qui menait la danse lorsque son
mari la lui réclamait – s'il la lui réclamait encore.
À eux deux, ils alimentaient le constant bouillonnement du qu'en-dit-on, qu'en-a-t-on-dit, qu'en-dira-
t-on. Ils trônaient au centre de cette grande usine à
remâcher et ruminer la rumeur. Malins, ils ne la
créaient jamais, ils se contentaient de l'absorber, la
digérer et la restituer.

Et combien d'autres dizaines d'acteurs et actrices
de cette comédie, tous membres de clans, cellules
et tribus qui pullulent et se cooptent.

La Galerie des Grotesques. La Foire aux Vanités.
Le Bal des Imposteurs. Le Bûcher des Réputations.
Le Sacrifice des Vérités. La Feria du Mensonge. Le
Carnaval des Diffamateurs. La Parade des Imbéciles.
La Conjuration des Envieux. La Kermesse des
Revanchards. Le Festin des Jaloux. L'Esplanade des
Aigreurs. La Sainte-Alliance des Susurreurs. La
Coalition des Polichinelles. La Congrégation des
Murmurants et des Insinuants. Le Jamboree des
Charognards. Le Festival des Canardeurs. L'École
Nationale d'Affabulation.

J'avais souvent observé ces pantalons et ces jupes,
masques et parodies, puisque, me voulant l'enregis-
treur de toutes les facettes de la comédie humaine,
j'avais côtoyé ces cercles qui contrastaient avec ceux
que j'aimais vraiment, les sensibles et les créatifs, les
extravagants de génie ou les disciplinés de l'effort,
les insatisfaits et les fragiles, les brillants et les drôles

de ce monde, la « grande famille des nerveux » dont parle Marcel Proust. Mais j'oubliais qu'il existait de tels hommes et femmes de qualité et je ne retenais, dans mon désir d'autodestruction, que l'évocation de ceux qui jasaient à propos de ma petite personne.

8

Il y avait aussi, c'était plus pernicieux, le travail de sape de quelques rares individualités dans l'entreprise, aux sens éveillés par la perspective de mon inéluctable démission, chroniqueurs quotidiens de ma chute annoncée, guetteurs de ma décomposition professionnelle et intime.

Il y avait celle que j'avais recueillie lorsque rien ni personne ne venait à son aide et qui suggérait qu'elle serait tout à fait capable de me succéder si, d'aventure, on le lui proposait, au cas malheureux où je ne me redresserais pas. Elle le disait avec une mine soucieuse, en rajoutant ce sourire de petite fille qui avait toujours su entretenir, malgré l'âge et les avanies, un air faussement étonné de se trouver là, dans ce métier, parce qu'elle ne le méritait pas vraiment, mais parce que les hommes avaient été gentils avec elle.

Il y avait celui qui prenait, avec une insistante régularité, des nouvelles au téléphone, sur le ton, aisément reconnaissable pour qui n'est pas malade, de celui qui s'informe non par sympathie, mais pour pouvoir, ensuite, informer les tiers et faire valoir l'exclusivité de son contact, la valeur de son savoir. Il ne pouvait guère duper mon épouse lorsqu'elle interceptait ses appels, car elle avait perçu sa curiosité perverse et son hypocrite sollicitude, mais elle avait décidé de ne donner aucune prise à l'incessant questionnement du gêneur. Il lui était parfois difficile de repousser d'autres assauts téléphoniques, d'autres faux amis. Cet autre, par exemple, qui, sous prétexte de me faire connaître le déroulement des affaires quotidiennes, assénait des petits coups en m'annonçant catastrophe sur catastrophe, menaces de départ des meilleurs collaborateurs, futurs chiffres de sondage en baisse, recettes en chute, pertes de contrats, échéances à venir que j'étais seul, de par mes attributions, à pouvoir régler.

Alain s'en va. Ils seront comme lui, deux ou trois, pas plus, qui au long des longs mois qui vont suivre n'abandonneront pas leur veille, leur préoccupation de mon sort. Il y aura aussi, à intervalles sporadiques, quelques lettres, souvent venues de ceux que l'on n'attend pas. « Je sais que tu ne vas pas bien. Je pense à toi. Courage. » Petites lueurs, petits rappels, mais qui, pour l'heure, ne sont d'aucun secours.

66

Pour l'heure, je patauge dans le malaise, la paranoïa.

Égoïstement emmuré dans ta douleur, tu ne vois
pas que ton fils, ta fille, ta femme t'aiment et qu'ils
font tout pour t'aider et que, peut-être aussi en le
faisant, ils cherchent leur propre réconfort ? Après
une ou deux tentatives d'échanges, mon fils et ma
fille se retournent vers leur mère. Tous trois vont
parler. J'entends à peine leur parole. Je me crois
persécuté, incompris.

Je m'accroche encore à ma fonction et affirme aux
responsables qui m'ont désigné comme prochain
président que je suis capable d'assurer cette tâche,
que ce n'est qu'un mauvais moment à passer. Orgueil,
incapacité de lâcher ce qui avait été une ambition,
souci de sauver la face ? J'abrège les rencontres et fuis
les regards. Je reporte à demain les décisions que l'on
m'adjure de prendre. On me parle de l'avenir. Dans
un mois, six mois, un an – quelle blague ! Je ne suis
pas capable de voir plus loin que demain. Comment
se fait-il qu'à ce point malade, mais écartant toute
définition de cette maladie, je ne puisse m'arracher
et me déclarer inapte ? À ce stade de faiblesse, a-t-on
seulement l'envie de se soigner, de se faire soigner ?
La perte de toute envie va-t-elle jusque-là : n'avoir
même pas l'envie de retrouver une envie ? Quand,
assis sur votre existence immobile, vous n'êtes plus

en état de vous redresser, il faut bien que quelqu'un d'autre prenne, à votre place, quelques évidentes décisions. C'est encore une chance qu'il y ait quelqu'un d'autre.

Une autre.

9

C'est une chance. Il y a des gens qui n'ont personne. Et même s'il y a quelqu'un, ce quelqu'un n'est personne. J'ai connu, depuis, quand ils venaient me raconter leur douleur, sachant que je l'avais éprouvée avant eux, des gens à qui je demandais :

– Tu as quelqu'un qui t'aide, qui t'écoute et te parle, et te comprend ?

Et qui me répondaient :

– Non, il n'y a personne.

Ma chance, ma providence, devrais-je écrire, s'appelle Françoise. Elle a tout supporté depuis les premiers réveils à trois heures et demie, quatre heures du matin. Elle n'a pas plus dormi que moi, mais je ne le sais pas. Elle a parlé, interrogé, elle m'a secoué, encouragé, admonesté, puis elle a à nouveau tenté, en vain, de me valoriser. Elle a appelé les amis indispensables. Elle a alerté mon frère. Elle a organisé leurs visites. Elle a adapté son temps, ses occupations, ses obligations à mon temps et à ma vacuité. Elle a failli y perdre son activité, voir exploser ses propres fonctions, mais je ne le sais pas. J'ignore ce qu'elle endure. Elle a réduit ses voyages, annulé des sorties en commun, inventant des excuses, ou bien, selon l'ami, disant la vérité : « Ça ne va pas bien. » Elle a fait front, s'occupant du difficile et important transfert de notre fille, Clarisse, d'un collège de Londres à un collège aux États-Unis, mais je n'ai pas conscience de ces efforts.

Déjà, quelques années auparavant, quand j'avais failli mourir d'une bactérie inconnue qui avait ravagé mon système respiratoire, elle avait tout tenu : la maison, les enfants, son travail. Après cette épreuve, elle avait cru avoir connu le plus dur. Elle m'avait vu revivre, nous en étions sortis allégés – et moi, plus proche des choses tendres et simples. Peut-être avait-elle entretenu, en elle-même, la notion secrète que c'était presque trop beau. Peut-être, avec cette prescience et cette science de la vie qui rendent les femmes plus fortes, au-delà de leur fragilité apparente, avait-elle redouté une rechute, quelque autre accident de parcours.

La vie lui avait appris ça, sa vie. La mort prématurée de sa mère, la disparition trop rapide de son père lui avaient appris, encore plus qu'à moi, l'impermanence et la précarité de toute chose. Pourtant, elle avait tourné cette page et me croyait solide, mieux à même de discerner ce qui est grave de ce qui ne l'est pas, d'exploiter le sens de la relativité, donner sa valeur à l'irremplaçable : expression et manifestation du geste d'amour quotidien. Je l'avais cru aussi.

Et voilà que, sans crier gare, sans signes avant-coureurs, au retour d'un séjour sur l'eau, sur un bateau au large des calanques de Cassis, elle avait décelé le début d'une mutation dans ma voix, deviné une perte d'étincelle dans mes yeux, l'annonce d'une fracture dans mon comportement. L'accélération avait été impressionnante. Quelques jours plus tard, j'entamais le marathon de mes nuits de sueur, le rendez-vous de trois heures du matin, la douleur psychique. Maintenant que la faille était ouverte, elle se retrouvait aux prises avec quelque chose de plus incompréhensible qu'une bactérie mortelle, quelqu'un de plus pathétique qu'un comateux entubé à une machine respiratoire sur un lit de réanimation à l'hôpital Cochin.

Elle ne reconnaissait plus son homme.

Elle l'avait connu éloquent, choix des mots, choix des moyens. Il ne s'exprimait plus, ou presque. Quelques onomatopées, quelques formules plates :

« Ça va pas, je sais pas, j'y arrive pas. » Ou alors : « Je te demande pardon, je vais faire un effort, tu vas voir », promesse qu'il ne tenait jamais.

Son visage même, qu'elle avait chaque soir face à elle, lui semblait perdre de sa composition. Des petits creux apparaissaient, des sillons infimes. Au haut des joues, sous les paupières, on aurait dit qu'un acide avait entamé la peau. Les couleurs avaient changé. On était dans du gris, du pâle. Il traînait les pieds, cela devenait pitoyable et, parfois, tout bonnement désespérant. Elle était partagée entre la colère et la révolte, la volonté de le comprendre et le secourir. Où était passée son énergie ? Son désir ? Et d'ailleurs, ces deux mots n'exprimaient-ils pas la même vérité, puisque le désir c'est une énergie, et l'énergie c'est du désir. Elle choisissait, d'une part, de fouetter son orgueil, faire appel à son sens des responsabilités, sa position de père de famille et d'adulte, d'autre part, d'invoquer et rappeler leur histoire intime, la construction de leur couple et de leur bonheur, l'exemple qu'ils avaient donné à leurs enfants, le modèle qu'ils avaient voulu être, les études que Clarisse était en train de réussir. Elle pensait aux jours anciens.

— Tu m'as toujours dit dès notre première rencontre, lui rappelait-elle, qu'il ne faut jamais se déprécier. Tu ne vaux pas rien, tu n'es pas nul, tu as fait des choses, tu t'es exprimé dans tant de domaines et avec tant de réussite.

Il ne répondait pas, ou peu. Il tournait autour du même étroit périmètre de l'appartement quand il ne collait pas à elle, car elle avait remarqué qu'il la suivait de pièce en pièce lorsqu'elle se déplaçait pour s'habiller, s'activer. Ça l'oppressait, elle en aurait suffoqué, elle en aurait sangloté, aussi, si elle n'avait pas eu le réflexe de cacher son chagrin et dissimuler le sentiment qui la taraudait :

— Ça ne peut pas durer, et pourtant ça dure, et on dirait que ça durera toujours.

« Il est foutu. »

« Il n'y a rien de plus déprimant que de vivre avec un déprimé », devait lui dire, plus tard, un spécialiste. Elle luttait contre ce risque : je ne craquerai pas, se disait-elle, je ne peux pas craquer. Mais l'alarme sonnait trop fort tout le temps pour qu'elle ne prenne pas les choses en main, puisqu'il en était incapable. Puisque, c'était étrange, il n'avait jamais prononcé le mot devant elle. Le mot vrai. Dépression.

10

D'un seul coup, un soir comme ça, il y a eu une spirale de panique. La seconde qui va suivre, la seconde que je vis me semble inaccessible. Je ne vois pas comment je vais pouvoir aborder le prochain instant de ma vie, je ne vois plus rien. Une masse sombre est tombée devant moi.

Il doit être vingt-deux heures. Exceptionnellement, je suis seul. Ma femme a été obligée de s'absenter pour son travail, mon fils révise un examen chez un ami, Clarisse est à Londres. Il n'y a personne dans l'appartement, ça ne m'a pas troublé jusque-là. J'ai tourné en rond, ou plutôt sur place, de la chambre au couloir, du couloir à la chambre, de la chambre à la cuisine, le corps et le milieu du ventre toujours prisonniers des pinces du crabe, la morsure du boa, le travail de la broyeuse.

Je me suis retrouvé dans la cuisine, décor rassurant dans lequel, de plus en plus souvent, je me réfugie. Mais voilà que, plus lourde et différente des attaques précédentes, une vague me submerge. Ce n'est pas l'habituelle sensation de perte de désir. C'est plus violent, plus radical. La table blanche, les murs clairs, les objets familiers, chaises, calendrier le long du frigidaire, portes des placards, théières près de l'évier, poste de radio, corbeille à pain, télé-phones ont disparu de ma vision. Je ne vois que du noir, de l'opaque, des cloisons métalliques se fer-ment autour de moi.

J'ai paniqué.

Il y avait ce vide total, cette perte de toute pers-pective, toute projection dans l'immédiat, il y avait une peur absolue de tout et l'aveuglante certi-tude d'une absence de solution. Aucune pensée construite, aucune capacité de réfléchir à ce qui était en train de m'arriver.

Je ne peux pas m'asseoir, ni m'appuyer contre un mur, je ne peux que chercher du regard ce qui pourrait se trouver à portée de main et que je pour-rais, alors, utiliser pour... pour faire quoi, au juste ? En finir ? Cela m'avait déjà traversé l'esprit, je m'étais déjà demandé, lors de mes réveils en sueur ou pendant la comédie de survie que je jouais au bureau, et dans Paris, si, tout compte fait, il ne serait pas plus simple de cesser de vivre. Mais la seule vue des beaux visages de ma femme et de mes enfants avait annulé cette interrogation. Et je m'étais can-tonné dans mon état habituel. Maintenant, à l'ins-tant T, à la seconde S, au moment précis où, seul dans cet espace sans forme et sans couleur, je suis saisi par l'effroi, le geste possible du suicide se dessine, se concrétise. Oui, c'est possible et c'est peut-être cela qu'il faut faire. Au moins, ça arrêtera tout, ce sera une délivrance. La broyeuse ne broiera plus rien.

En même temps, je ne sais que faire, ni comment le faire. Il n'y a aucun médicament à ma disposition, je ne peux traverser le couloir vers la chambre, vers la petite pharmacie de la salle de bains, je n'en ai pas la force. Je suis paralysé. Un couteau ? Ah oui, peut-être. Au moins ça, c'est là, dans le tiroir, à portée de main. Je l'ouvre. Il y a tout : un couteau à pain, plusieurs à viande, des petits, des gros, des très aiguisés, d'autres moins.

Mais c'est long, c'est pointu, c'est laid, toutes ces lames, et puis, ça va me faire mal, souffrir, saigner. C'est idiot ça, je ne veux pas avoir mal, je veux bien disparaître, mais sans douleur, sans blessure, sans souffrance ! Et puis, on ne sait jamais, on a rarement réussi à se tuer d'un coup de couteau. Sauter par le balcon ? Pas assez haut, je me raterais. Alors, quoi ? J'apprendrai plus tard que, lorsque ma femme interrogea le spécialiste que j'avais commencé à consulter, sur le danger du suicide, il lui fit cette réponse cruelle et réaliste :

– Aucun danger ! Les Narcisses ne se suicident pas.

Je m'aime donc trop pour m'infliger une blessure fatale ? Sans doute, mais en cet instant précis je ne le sais pas. Je ne sais rien. Je suis pris par cette panique : que puis-je faire de moi dans la minute qui

76

vient ? Téléphoner pour qu'on vienne à mon secours ? Je peux appeler mon frère, un ami, un toubib, j'en connais tellement. Mais peut-être ne suis-je pas capable de composer un numéro et d'appuyer sur les touches, et peut-être surtout que je viens d'oublier qu'il existe d'autres humains au bout de la ligne. Il est étrange que je ne téléphone pas, on dirait que quelqu'un m'en empêche. Je tremble. Toutes les portes sont closes. « Finissons-en, qu'on en finisse enfin, mets fin à tout ça ! » Ce sont à peu près les seuls mots qui parlent en moi. Néanmoins, je n'entreprends aucune action et n'accomplis aucun geste. Je reste immobile, mais cet étrange état ne peut pas se prolonger, je ne vais pas pouvoir tenir longtemps, il va falloir que ça cesse, ça n'est pas vivable. Alors, je repense au suicide.

11

Puisque le couteau me semble impossible, il y a peut-être la pendaison.

Un ami s'est pendu vers la cinquantaine. Un autre, vers le même âge, s'était tiré un coup de pistolet dans la gueule, dans sa voiture, dans le parking souterrain de son immeuble. Je pense au suicide de ces deux hommes, et je m'aperçois, du même coup, qu'un autre ami m'avait un jour fait la remarque : « Pourquoi, dans tous tes romans, il y a un suicide ? »

Lorsque j'avais vingt ans, le premier ami (celui qui s'est pendu) avait représenté tout ce que je croyais être le don, le talent, la facilité. V. avait quelques années de plus que moi et m'avait aidé à faire mes débuts à Paris dans la presse. Nous étions vite entrés en compétition sans nous le dire. Il avait de l'avance sur moi et je l'avais pris dans ma ligne de mire, mais aussi en modèle, en exemple. À l'époque, il régnait sur une partie de notre génération. Il y avait une relation intense, quasi amoureuse, entre lui et moi, faite d'estime réciproque, de jalousie rentrée, d'affinités électives, de stimulations, de complicités vite bafouées par des histoires de filles et de femmes. Nous nous étions perdus de vue. Il avait tracé son chemin, moins brillant qu'au départ, et moi le mien, peut-être plus construit. Mariages, enfants, divorces, premiers livres, premiers succès, premiers échecs, on se suivait de loin mais on ne se voyait plus et, de longues années plus tard, j'avais appris qu'il était dans la détresse et que, peu à peu, il avait tout perdu. Il m'avait appelé au secours, alors, je l'avais revu.

Il portait un chapeau qu'il n'ôtait pas, sans doute pour dissimuler une calvitie qui lui faisait honte, lui qui avait eu les cheveux si bouclés, qui lui donnaient l'air d'un angelot insolent. Son visage était plus creusé qu'autrefois, et ce creux qui, gamin, avait fait partie de son charme, s'était mué en une crevasse de mélancolie tenace. Il parlait en baissant les yeux. Il oscillait entre la parade, la vantardise, la mythomanie (« Tu vas voir, je suis en train d'écrire un chef-d'œuvre, je l'aurai, moi, le Goncourt ! ») et l'aveu de ses ratages, sa dépendance des drogues, sa solitude, son besoin d'argent. (« Tu peux me prêter dix mille francs, je te les rendrai. ») Je lui avais donné cet argent :

– Ça ne te rend pas service, je sais ce que tu vas en faire, c'est la dernière fois, ne me le demande plus.

– Je te rembourserai, tu sais, avait-il protesté.

– Mais non, mais non.

Il était parti, le dos voûté, en promettant que ça allait bien se passer, que je ne devais pas m'en faire pour lui. Je l'avais effacé de ma mémoire aussi vite qu'il était apparu. Je l'avais revu, encore une fois, dans un hôpital après une première tentative de suicide. Puis, je l'avais cru guéri et repris en main par des amis, et je n'avais pas éprouvé l'envie ou le besoin d'en savoir plus. C'est que j'avais ma vie, mes vies. Un jour, on m'a téléphoné pour dire :

– V. s'est pendu.

Alors, j'ai pensé que j'aurais dû rester plus proche de lui et faire preuve de plus d'attention et de sollicitude. Mais ce type à chapeau, avec cette gueule famélique, qui était venu me soutirer de l'argent pour acheter des doses d'héroïne, n'avait plus rien de commun avec le jeune homme étincelant qui avait fasciné mes vingt ans. Au vrai, ce n'était plus le même homme. Nous pouvons très bien ne plus être le même homme, selon les étages d'une vie. Je m'étais seulement dit qu'il lui avait fallu beaucoup de méticulosité et de persévérance pour se pendre. Il faut trouver la bonne corde, ou la ceinture ; il faut faire un bon nœud, solide ; il faut accrocher ça quelque part et trouver un bon point d'accroche ; il faut monter sur la chaise ou le tabouret ; bien serrer autour du cou ; bien envoyer valser la chaise ou le tabouret, pour que le vide s'empare de vous et que le système fonctionne. Quel travail, quelle préparation, quelle attention aux détails ! Il fallait vraiment vouloir en finir pour organiser tout cela, ça avait dû

80

prendre du temps et, pendant tout ce temps, à quoi pensait-il, V. ? Il ne pensait pas – ou, plutôt, il ne pensait à rien d'autre qu'à réussir son ultime échec.

Le deuxième ami (le pistolet dans le parking), je l'avais connu encore plus tôt, quand j'avais quinze ou seize ans. Un petit prince de notre lycée, un premier de classe, bon en toute matière, en football comme en latin, en flirt avec les filles comme en bagarres dans la cour, capable de chanter juste et de courir vite, drôle et séduisant, dépourvu de toutes les maladresses et timidités qui alourdissaient mon adolescence. J'avais gardé de lui cette image d'un visage gai aux yeux mobiles et ce souvenir d'une posture à mi-chemin entre le voyou et le seigneur. Comme V., il avait des cheveux bouclés, une vraie figure de modèle de publicité pour les savons pour enfants. Un petit lord anglais, un joueur de flûte de Watteau. Il incarnait ce que je rêvais de posséder et me savais incapable d'atteindre : une certaine grâce. Je m'étais dit, plus tard, lorsqu'il était entré dans la profession médicale, qu'il y ferait des merveilles et qu'il y connaîtrait toute la réussite qu'il méritait, ce qui lui était, par décret divin, sans aucun doute, destiné, offert. Mais les choses ne s'étaient pas passées ainsi. Et ce qu'on me rapportait de lui ressemblait plutôt à un itinéraire chaotique, insatisfaisant, une vie confuse, des allers et retours entre Paris et la province, des aventures malheureuses dans des rachats de cliniques, puis des reventes, un enchevêtrement de mariages et de séparations, la

81

perte de la maîtrise de soi. La plongée dans la médiocrité et l'inachèvement.

Je l'avais revu une seule fois. J'avais eu du mal à reconnaître un soir, dans une brasserie bruyante près de la Bastille, en ce bonhomme un peu gonflé, un peu joufflu, rigolard et salace, fumant des Schimmerpenink et buvant ce qu'il appelait une « petite mousse », le souverain vainqueur de nos combats de lycéens, le prix d'excellence, le marqueur de buts, le premier d'entre nous qui avait perdu son pucelage, à l'âge où ça paraissait un exploit inaccessible. (Enfin, c'est ce qu'il nous avait raconté à l'époque. Une amie de sa mère, avait-il dit. Peut-être n'était-il qu'un fabulateur.) Il était donc là, devant moi, entouré du nuage de la fumée de son petit cigarillo, assis sur la banquette, face à sa bière, pépère et épais, le costume luisant, des doigts jaunis par le tabac, une immense expression de banalité sur son visage. Nous avions émis des propos dénués d'intérêt et nous n'avions pas éprouvé le besoin d'échanger nos numéros de téléphone respectifs. Nous n'avions même pas eu recours à l'habituelle formule mensongère :

– On s'appelle sans faute, hein ?

En quittant la brasserie, j'étais resté immobile sur le trottoir. Un brouillard tombait sur la place et les lumières des phares des voitures ne renvoyaient plus leurs couleurs réelles, elles tournaient à l'orange, au bleuté, je m'étais demandé à quel moment de sa vie mon ami avait perdu la grâce pour s'installer dans le mal d'être. Sans doute n'était-ce pas un moment, mais plusieurs dizaines de moments, plusieurs petites lézardes qui avaient peu à peu ouvert une brèche jusqu'à cette allure résignée et tranquillement impuissante à dissimuler son désespoir.

Un jour, une jeune femme à la voix basse, avec un imperceptible accent d'outre-mer, m'avait appelé pour dire :

– P. s'est tué dans sa voiture, hier. Ça fait deux jours que je te cherche pour te le dire. Tu ne te souviens pas de moi. Je suis sa fille.

Elle m'avait raconté la voiture dans le parking de l'immeuble. Comment il était descendu pour, soi-disant, déboucher le vide-ordures qui posait un problème. Il était en pantoufles et robe de chambre. Je m'étais alors dit, comme pour V., qu'il avait dû bien préméditer son affaire, raconter un gentil petit mensonge à son entourage pour trouver un prétexte inoffensif afin d'aller au sous-sol, et qu'il avait sans doute dissimulé le pistolet dans la poche de la robe, qu'il avait su donner le change. Il s'était enfermé dans le véhicule, il avait suffi d'une balle. C'était du travail bien préparé, attentif à tout détail, afin de ne pas se rater. Ça avait pris un peu de temps, tout de même. À quoi pensait-il, P., pendant qu'il descendait l'escalier en colimaçon et qu'il traversait les allées du parking souterrain pour atteindre sa bagnole ? Il ne pensait pas. Ou plutôt, il ne pensait à rien d'autre que ce rien qu'était devenue sa vie.

Et moi, pourquoi suis-je en train de penser à eux ?

Suis-je en train de comparer ma vie à la leur et me dire : mais pourtant, toi, tu ne l'as pas ratée ? Je ne pense pas vraiment, c'est ça la différence. Eux, ils pensaient précisément à ce qu'ils allaient faire dans la minute qui suivait. Moi, je n'ai rien préparé, rien organisé, rien planifié, je n'ai été saisi que par une vaste panique et un vide.

12

Par la fenêtre de la cuisine, je crois voir une lumière en face, plusieurs lumières. Ma nuit se dissipe, ma vue s'éclaircit.

Ce sont les chambres de service du sixième étage. Il y a des gens, là-haut. Des étudiants, des femmes qui travaillent dans les appartements des étages bourgeois, il y a aussi une petite population noire, jaune, blanche, qui semble changer au fil des trimestres, squatters qui ne disent pas leur nom, amis des occupants, passagers temporaires. La partie respectable de l'immeuble s'interroge parfois sur l'identité et l'activité de ces migrants silencieux. Ils ont des vies à eux, de l'argent à gagner, un repas à obtenir, un ticket de métro à économiser, un emploi à dénicher. Je les croise dans le hall d'entrée lorsqu'ils se dirigent vers la « porte de service » et moi vers l'ascenseur principal. Mes enfants leur sourient. Ils m'ont souvent dit :

– Ça ne doit pas toujours être très marrant, leur vie, là-haut.

Les enfants ! Curieux retournement des choses :
les lumières du sixième étage m'ont fait fugacement
penser à des visages, des êtres humains. Et, par ce
même retour à la réalité, je vois « réapparaître » les
enfants, je vois apparaître leur mère, ils reviennent
à la surface de mon esprit obscurci par la panique.
Une pensée cohérente – même pas une pensée, une
image – qui en a déclenché d'autres m'a permis de
déchirer le voile qui avait recouvert ma conscience.
La panique, comme le vent, est retombée. Comment
as-tu pu seulement imaginer attenter à ta vie alors
qu'elle est là et qu'ils sont là, ceux qui t'aiment et
que tu aimes ? Fallait-il que le désespoir et l'aveuglement soient violents pour que, un bref instant,
tu aies pu contempler ce couteau de cuisine après
avoir ouvert ces tiroirs ! Tout cela n'a pas duré plus
d'une minute en temps réel, comme ils disent. Je
déteste cette expression : « en temps réel ». C'est
quoi, le temps réel ? Donnez-moi une définition, s'il
vous plaît. Je n'aurai pas le courage de parler de
cette minute, ni le lendemain, ni les jours qui suivront. Mais peut-être cette tentation de la mort s'est-
elle imprimée sur mon visage, ou peut-être ai-je res-
semblé à la mort. C'est peut-être cela qui a conduit
à ce que j'accepte enfin d'entendre le mot vrai, le
vrai mot : dépression.

DEUXIÈME PARTIE

« J'ai perdu mon glabagla. »

13

Quand les gens vous disent :
– Je déprime,
Parce qu'ils ont subi un petit coup de cafard, parce qu'une mélancolie passagère les a effleurés, ils ne savent pas de quoi ils parlent. Dépression : on n'a pas le droit d'utiliser ce terme sous n'importe quel prétexte. C'est lourd, ce mot, c'est sérieux. Parce qu'ils n'ont pas obtenu ce qu'ils convoitaient, parce que le temps était mauvais, parce qu'il pleuvait dehors ou qu'il faisait gris, ils ont dit qu'ils avaient la « déprime ». Le mot et sa réalité recouvrent une autre tragédie, physique et psychique, un mystère, un mal, et ce mal, il est indispensable qu'on le traite, qu'on le soigne et, surtout, qu'on le dise, qu'on l'exprime. Qu'on se mette en face de lui et qu'on le reconnaisse : oui, c'est toi, chose glauque et verdâtre qui vient ruiner mes nuits.

Or, je n'avais jamais, par orgueil ou ignorance, clairement considéré que c'était bien de cela qu'il s'agissait – peut-être parce que je ne l'avais jamais connu.

Jamais connu la broyeuse, l'invisible machine à brasser l'angoisse et faire suer la poitrine, à l'heure où les rues des villes sont vides, l'heure des mauvais rendez-vous, trois heures du matin. La peur, je connaissais. Je l'avais connue sur les routes désertes et dans les grandes villes du ventre américain – dans les rues d'Alger –, dans des avions improbables au-dessus de la Jordanie ou du Pakistan ou d'ailleurs, et pas seulement au cours de ces voyages où je jouissais de l'exercice de mon métier, de ma passion : la recherche des faits, l'observation des hommes aux prises avec leurs rêves, avec leur absurde folie. La peur, je l'avais connue enfant, comme tous les enfants, puisque c'est une émotion universelle. Elle faisait partie de moi comme elle est en chacun de nous, et quand je n'avais pas eu peur pour moi, j'avais eu peur pour les autres. Mais la chose que je n'arrivais pas à définir, je ne l'avais pas connue et cette méconnaissance me poussait à nier le mot. Il fallait que quelqu'un d'autre le prononce, une bonne fois pour toutes :

– J'ai bien réfléchi, me dit-elle, un soir. Tu as vu des toubibs, un acupuncteur, un cardiologue, un ostéopathe, un généraliste, tu as un peu ingurgité et avalé n'importe quoi et rien n'a marché parce que tu n'as pas voulu accepter la vérité : tu fais une dépression, je ne vois pas ce qu'il y a de honteux à cela, et je ne vois pas pourquoi tu éviterais de rencontrer un spécialiste. Je ne sais pas où tu vas et où l'on va, mais c'est devenu insupportable. Je ne t'ai rien demandé depuis que ça dure, et tout ce que je

t'ai demandé, tu n'as pas pu, de toute façon, y
répondre. Je ne t'en veux pas, je crois que c'est
au-delà de tout contrôle. Mais je vais te demander
de faire une chose pour moi, pour Jean et pour
Clarisse, car même si elle va bientôt partir loin, à
Bard College – Dieu merci, ça l'empêchera de te
voir dans cet état-là –, elle en souffrira aussi à distance. Fais donc une chose. Je t'ai pris un rendez-
vous avec un spécialiste de ces problèmes, il m'a été
recommandé, il t'attend demain à dix-sept heures.
Vas-y, fais-le même si tu n'en as pas envie, même si
tu es tellement atteint que tu refuses d'aller mieux.
Fais-le pour nous.

14

Le rendez-vous a lieu au service neuropsychia-
trique d'un hôpital que je ne connais pas et qui, dès
que je franchis ses portes, me semble triste, sale,
labyrinthesque. Je ne trouve pas mon chemin, je n'ai
rien compris aux explications qui m'ont été données, peut-être ne les ai-je pas écoutées.

C'est mal fléché, les gens ne comprennent pas
mes questions, ils me tournent le dos, la parano me
reprend, je n'en sortirai jamais ! À mesure que je
cherche le service, le pavillon, la ruelle, le bâtiment,
et que je vois passer l'heure du rendez-vous, je râle
et vitupère, je m'essouffle, j'aurais dû quand même
me faire accompagner, pourquoi ne m'a-t-on pas
attendu à l'entrée ? De ruelle en ruelle, de cour
pavée en jardinet, de service en service, d'escalier
en passerelle, d'algeco en mur de briques noirâtre,
je vais errer, bouche sèche et poitrine qui bat, me
décidant à appeler, de portable à portable, le médecin qui demande avec un léger étonnement :

– Mais où êtes-vous donc ? Je vous attends !

– Je ne sais pas.

– Lisez-moi le nom de l'endroit où vous vous trouvez, il doit bien y avoir un nom.

Il va me guider comme si j'étais perdu dans les bas-fonds d'Istanbul ou de São Paulo, et il va me servir de boussole. Je vais me tromper trois fois, le rappeler trois fois ;

– Non, non, ça n'est pas ça, nous sommes à Ouest-B, bâtiment provisoire pendant les travaux. Il y a un échafaudage gris et vert devant une porte barrée de rouge, vous ne pouvez pas la rater.

Il a une voix un peu éraillée, dont la tonalité est facile à retenir. Après des minutes d'errance, je tombe sur le bon endroit, plus par chance que par déduction.

Je remplis un formulaire auprès d'une assistante à qui je chuchote, comme si la terre entière surveillait mes faits et gestes : « Je vous prie de ne pas dire que vous m'avez vu. » Elle me regarde, éberluée. De quoi me parle ce type, je ne sais pas qui c'est, ça me dit quelque chose, son nom, mais quelle importance, dans une heure je prends ma pause.

J'attends dans un endroit impersonnel, face à deux femmes silencieuses. Je crois immédiatement qu'elles me dévisagent, qu'elles m'ont reconnu : ça y est, on va savoir qui je suis – elles m'ont vu à la télé – on va parler, tout le monde saura que je consulte un psychiatre dans un milieu hospitalier. Entre la secrétaire et ces bonnes femmes, tout le monde va signaler mon passage ici. Ça va jaser encore plus !

Si j'avais la possibilité de prendre ne serait-ce qu'un mètre de recul et m'observer, je devrais éclater de rire au spectacle de ce personnage digne de Woody Allen, ce parano qui croit que le monde le regarde et le juge, alors que le monde s'en fout. Mais je ne sais plus ce que c'est que « prendre du recul ». Quant à éclater de rire, je ne me souviens pas de la dernière fois où j'ai pu rire. Le rire a disparu de ma vie, c'est bon pour les autres. Et quand j'entends quelqu'un rire, je m'interroge : mais qu'est-ce qui peut les faire rire ? Qu'est-ce qui est comique ? Moi, sans aucun doute – mais rire de soi est un signe de santé. Or nous avons, n'est-ce pas, affaire à un malade.

Je baisse les yeux, je porte la main à hauteur de mon visage pour en dissimuler les traits, je me lève et tourne le dos à ces deux dames fatiguées, incapable de juger le ridicule de mon comportement. Comme si ces deux pauvres âmes, absorbées par leur propre douleur, s'intéressaient à ce personnage pâlichon emmitouflé dans un long manteau sombre et une longue écharpe. J'ai froid en permanence, c'est l'accumulation des nuits blanches, de la perte de poids, de l'arrêt de toute activité physique. Il y a plus de deux mois que je ne vais plus à la gym, je n'ai même pas eu la politesse de décommander le kiné, j'ai laissé tomber beaucoup d'autres rendez-vous, tout ça part en lambeaux, les fibres se désorganisent, la vie quotidienne est démembrée, décousue, parsemée d'erreurs, de lapsus, gestes inachevés, ruptures de rythme. Mon expression s'est appauvrie aussi et mon vocabulaire a rétréci, mais je fais un effort pour raconter au docteur P. ce qui a pris possession de moi. Car le docteur P., enfin, me reçoit.

15

J'essaie de lui dire l'impasse dans laquelle je me trouve, mais comme je suis face à un inconnu qui, néanmoins, m'explique qu'il sait très bien qui je suis, ce que j'ai fait, publié, écrit, un petit sursaut de comédie sociale va me reprendre et, dans la même phrase, je lui exprime mon souci de préserver ma situation, la sauver, et donc la nécessité de fonctionner malgré tout – cette idée tenace que je ne dois pas m'arrêter, qu'il doit me soigner, certes, tout en me permettant « d'aller au bureau ».

Car je n'ai pas encore tout à fait renoncé. Je nourris encore la conviction que je ne dois pas lâcher ma position. Je n'ai pas encore compris ce qui, plus tard, apparaîtra aussi transparent que l'eau de la roche : c'était fini, il fallait tourner la page. Mais je m'accroche au vestige de mon titre présent, à la perspective d'un titre futur, à mes avantages acquis, à cette routine confortable, la douce odeur du pouvoir, le rôle valorisant de patron de média. J'aime ça, mais je ne l'aime plus, mais je n'arrive pas à

admettre que je ne l'aime plus. Il y a conflit interne :
si tu accèdes au fauteuil présidentiel, tu peux tirer
un trait sur l'écriture, le journalisme de terrain, la
créativité dont tu te réclames, l'éclectisme que tu as
toujours pratiqué. Tu ne seras plus toi-même. Cependant, tu l'as voulu ce pouvoir, putain ! Tu l'as voulu,
ce petit galon de plus, il s'offre à toi – mais quelque
chose de fort et d'inattendu est venu tout figer. Il
y a un obstacle, un refus. Et comme tu es encell-
lulé dans ton orgueil, tu refuses ce refus. Alors tout
est bloqué et il y a crise. Et comme tu ne peux la
résoudre, tu plonges dans la maladie.

Rien de tout cela, au moment où je fais enfin face
à ce dont j'ai besoin, un psychiatre, un professionnel, rien de ces évidences ne m'est apparu dans un
ordre logique. J'ai livré en vrac, avec parenthèses,
contradictions, ce qu'autrefois j'aurais pu concevoir
et énoncer clairement.

Il a tout écouté. Il interrompt, se renseigne, puis
il dialogue et interroge. Chacune de ses questions
appelle de ma part une réponse brève et je m'aperçois que rien de ce que je dis ne semble le surprendre. J'essaie, avec lui, de préciser le jour et le
moment où j'ai senti le mal surgir. On remonte le
temps, les anecdotes, les confrontations, les dates
clés, celles d'hier et on pense à demain – ce qui va
se passer, dont je ne sais pas si je pourrai le supporter. Tout ça ne lui semble pas très original. On dirait
qu'il a entendu ça cent fois : tous les symptômes
sont là, il est en territoire familier.

– Vous avez des vertiges, quand vous descendez du lit le matin, vous manquez tomber ?

– Oui.

– Vous vous réveillez en sueur vers, quoi, trois ou quatre heures du matin ?

– Oui.

– Et vous ne pouvez plus retrouver le sommeil ?

– Non, je ne peux plus.

– Vous avez envie de manger, boire, sortir, voir des gens, parler, rire ?

– Non.

– Vous n'avez plus aucun désir, aucun intérêt pour la vie sexuelle, aucune pulsion sexuelle ?

– Non, aucune.

– Vous avez des idées de mort ?

– Ça m'a traversé.

– Vous arrivez à communiquer avec votre femme ?

– Non, pas vraiment.

– Mais vous avez besoin d'elle, de lui parler ?

– Oui.

– Montrez-moi vos mains, là, mettez-les à plat au-dessus du sol, écartez les doigts et tendez-les.

Je me lève et m'exécute. Ça tremble, que dis-je, ça tremble, ça branle à la façon des os des foires foraines, ça grelotte, ça trémule, ils ont la danse de Saint-Guy, les doigts, ils font la gargouillarde. Il y en a un, en particulier, le petit doigt, qui s'agite tellement que je me demande si je ne vais pas le perdre, s'il ne va pas tomber de lui-même par terre, sur le carreau de la salle impersonnelle où me reçoit le toubib. Je n'avais pas remarqué ce dernier avatar, jusqu'ici. Pourtant j'avais à peu près recensé toutes les anomalies, j'avais passé du temps à me contempler dans le miroir de la porte de la chambre. Je m'étais tellement regardé comme si, narcisse de ma maladie, ça me plaisait d'observer les inédites apparitions de la décadence physique. Comme si le dégoût du déprimé n'interdit pas une sorte de fascination pour la transformation de son corps et de son visage. Comme si, stupéfait de découvrir un nouvel homme, un autre moi, on éprouve une manière de délectation à l'accueillir et à le laisser envahir son enveloppe d'autrefois. Il peut arriver qu'un déprimé tombe obscurément amoureux de sa brisure. C'est une des perversités de ce mystérieux fléau, avec ce corollaire : le symptôme même de la dépression vous déprime. Voilà le vice absolu : la dépression se nourrit de sa propre nuisance. C'est un monstre qui s'autodévore. Déprimé donc, le mot est là, il me soulage, il me fallait l'entendre prononcé par un praticien en blouse blanche dans la petite salle d'un immense hôpital.

– Déprimé. Vous faites une dépression nerveuse. Vous y êtes en plein, très profond. Mais on va vous en sortir. Si vous le voulez bien, je vais appeler votre femme, puisqu'elle a pris rendez-vous pour vous avec moi. Nous sommes convenus que je lui dirai les choses devant vous.

C'est très bien, ça me va, qu'ils s'occupent donc de moi tous les deux, qu'ils me prennent entièrement en charge, qu'ils soient mes béquilles, ma chaise roulante, qu'ils pensent et agissent à ma place, qu'on me décharge de tout, très bien !

Il a pris quelques notes. Il rédige une longue ordonnance. Il a dit à ma femme :

– Donnez-moi trois semaines.

Il n'a rien promis, mais je crois comprendre qu'il a besoin (pas plus ?) de trois semaines pour que je commence à remonter la pente. Il l'a dit sur un ton assez sûr de lui. C'est un homme d'une quarantaine d'années, de taille moyenne, il a déjà du ventre et le visage est mi-mou, mi-carré, épais, pas très bien rasé. Il sent le tabac, il a les yeux clairs derrière des gros verres de lunettes sans style. Il sourit assez souvent, plutôt cordial et rassurant, on ne se connaît pas, mais moi je vous connais, on ne va pas se raconter d'histoires tous les deux, on va se parler sans simagrées, je ne vous promets rien mais donnez-moi trois semaines, ça ira mieux. C'est ce qu'il a répété à ma femme sur ce téléphone mobile dont il me donne le numéro, je peux l'appeler à n'importe quelle heure. Nous ferons régulièrement le point et je ne dois pas hésiter à lui rendre compte de l'effet des antidépresseurs et des anxiolytiques. Je ne dois pas hésiter à l'appeler, on va très vite monter les doses. Au bout de six jours, on passera à un stade supérieur, il faut frapper fort, il faut d'abord arrêter la spirale, ensuite on va y arriver, il répète :

– On va y arriver.

Il y a une certaine douceur dans cette voix, malgré le graillonnement de sa gorge. Il me tend l'ordonnance.

100

– Toute affaire cessante, en sortant d'ici, vous achetez ces médicaments, il faut commencer le traitement dès ce soir.

Il ajoute :

– Vous n'êtes pas un cas unique. J'ai été consulté par d'autres responsables de votre calibre, certains même bien supérieur au vôtre, j'ai connu d'autres gens « importants » qui ont subi ce que vous vivez. Vous n'imaginez pas le nombre de gens qui en passent par là.

Il fait presque nuit dehors lorsque je sors du dédale vétuste de ces bâtiments gris avec autant de difficulté que j'ai eu à y entrer. Il faut faire vite pour rejoindre, avant qu'elle ne ferme, la pharmacie de mon quartier, face à la rue où j'habite. Nous en sommes les clients depuis des années. Quand je soumets la longue et éloquente ordonnance à la brune propriétaire, elle lève de temps en temps ses yeux bruns vers moi et je crois y lire le constat : « Alors, lui aussi, ça lui arrive à lui aussi... » Aucune surprise dans son regard, comme si cette maladie extraordinaire appartenait à l'ordinaire des jours des hommes et des femmes, comme si venir acheter des antidépresseurs faisait partie d'une routine quotidienne nationale. Nous sommes, après le Japon, le peuple du monde qui consomme la plus grande quantité de tranquillisants, somnifères, anxiolytiques. La pharmacienne a discrètement souri et je suis rentré à la maison pour m'étendre, épuisé par cette nouvelle étape dans un chemin sans lumière.

16

« Sans lumière. »

Je marche, les yeux vers le sol – pourquoi baisse-t-on toujours les yeux lorsqu'on est déprimé ? Honte de soi, crainte de rencontrer les regards des autres même si ce sont des inconnus ? – j'avance sur le trottoir sale et mouillé.

Il flotte dans l'air de la rue cette grisaille, cette sensation qu'une pluie noire s'est abattue sur vous et sur la ville et que cela ne s'arrêtera pas. À cette heure-ci, en cette période de l'année, tout paraît fatal. La dépression, c'est le novembre de l'âme, le décembre du désir, le janvier du dérèglement. La lumière, je l'avais toujours cherchée, trouvée, entretenue. À chaque fois que l'on me demandait – banalisation du questionnaire de Proust – quel était mon mot favori de la langue française, je répondais « lumière ». Je disais parfois aussi « rivière ». Les deux mots riment, c'est naturel, ils ne sont jamais que deux affirmations de la vie, du mouvement, du beau mystère des choses. Lumière ! J'en ai même fait le prénom d'une jeune fille, héroïne d'un de mes romans autobiographiques. J'ai aimé la lumière de tous les matins d'Algérie, du sud-ouest du Colorado, du sud-ouest du Tarn-et-Garonne, des Costwolds, celles de New York, Venise, Los Angeles, et de ce Paris illuminé quand j'avais vingt ans, celle des visages et regards des êtres chers. Au cœur de ma déroute, je m'en suis dissocié, je la fuis, je récuse la lumière comme je récuse le son. D'ailleurs, je n'aime plus écouter de la musique. J'ai tellement aimé la musique. Une soirée à Pleyel, au Théâtre des Champs-Élysées, au Châtelet, à Berlin, à Vienne, à Salzbourg, à écouter Verdi, Bach, Mozart, Schubert, Mahler, à écouter mon instrument favori, le messager de mes rêves, le piano, nulle autre émotion ne remplace cette entrée dans un autre monde – ai-je aussi perdu cela ? Qui a dit : « sans la musique, la vie serait une erreur » ? Sans la musique, alors, ta vie ou ce qu'il en reste, se résume à cela : une erreur ?

Comment se fait-il qu'un homme, qui a vécu quelques années auparavant une sorte d'ascension vers une bienfaisante lumière irréelle et qui en est revenu, et qui, sur son lit de convalescence, versait des larmes de joie lorsqu'il voyait le bleu du ciel apparaître par la vitre d'une chambre du service de pneumologie de l'hôpital Cochin, puisse aujourd'hui nier tout ce qu'il a célébré ? Un homme qui avait décidé de raconter sa « traversée » et d'affirmer le miracle quotidien de la vie, la beauté d'un grain de sable, d'un brin d'herbe, d'une luciole, d'un feu de bois de cheminée en plein été. Et qui reçoit, après la parution de ce récit, des milliers de lettres de reconnaissance ou de connivence et qui répond en solidarité, en sympathie, à chacune d'entre elles et qui, lorsqu'il participe à quelques séances de dédicaces de cet ouvrage, utilise une fois sur deux la formule : « Ce voyage qui m'a mieux fait aimer la vie. » Comment se fait-il ? Les lecteurs de mes propres livres s'y reconnaîtraient-ils ? Pas plus que mes amis, sans doute. Ils ne comprendraient pas. C'est presque comme une trahison, n'est-ce pas, de passer aussi violemment de la lumière aux ténèbres. Alors il n'y a qu'une réponse : il ne s'agit pas du même homme, voilà la vérité. C'est précisément ce que m'a confié, plus tard, ma femme : « Tu étais un inconnu. » Il est tout à fait possible que personne ne sache qui il est, que personne ne le sache avec certitude.

17

Les séquences s'enchaînent, les petites rondes du malheur de chaque jour.

Je vais de moins en moins au bureau. À la veille de la trêve de Noël, il faut signer les lettres – les annonces d'augmentation individuelle aux collaborateurs de tous les services. Les réunions de décision se sont tenues en mon absence, on m'a mis au courant et je n'ai dit ni oui ni non, mais il faut bien que je signe. Mon assistante vient chez moi, les bras chargés de parapheurs. Elle est enceinte et s'apprête à prendre son congé. Je m'installe derrière la table de la salle à manger pour signer. La main tremble à chaque lettre, j'émets des soupirs devant une telle épreuve. La jeune femme est restée debout, de l'autre côté de la table. Il ne m'est pas venu à l'esprit de lui indiquer un siège, encore moins de lui demander où elle en était de sa grossesse.

– C'est qui, celui-là, de qui s'agit-il ?

– Mais, monsieur, dit-elle, vous ne connaissez que lui. C'est vous qui l'avez recruté.

– Ah oui... peut-être...

Étonnée, elle ne dit plus rien et demeure debout, son bébé dans son ventre. Dans le couloir de l'entrée, des bruits, des rires. Clarisse, ma fille, et sa meilleure amie, Rapha, vont se séparer. Dans une dizaine de jours, après Noël, Clarisse va rejoindre un collège aux États-Unis et les deux jeunes filles ont passé l'après-midi dans la chambre au-dessus de la mienne, à parler, parler avant ce grand départ, cette nouvelle aventure. Étendu sur le lit, j'ai souvent entendu le faible son de leurs pas et de leurs rires et il m'irritait alors qu'autrefois cette musique intime m'aurait attendri. Je les regarde, abandonnant un instant le parapheur.

Il semble qu'elles attendent une phrase, une de ces plaisanteries qui appartiennent à leur passé commun, lorsqu'elles étaient petites filles et que je faisais le zouave pour les amuser. J'y parvenais aisément et elles aimaient ça, et moi aussi, rien ne me plaisait plus que de faire rire les amies de ma fille ou les copains de mon fils. Je pourrais au moins leur adresser un compliment. Elles sont belles et enjouées, vives, réalistes, aussi. Elles m'ont inspiré lorsque j'écrivais *Manuella*. Il me semble que Clarisse souhaiterait que Rapha constate que son papa ne va pas si mal que cela. Je pourrais, au moins, lui offrir ce cadeau avant son départ. Cependant, rien ne sort, ni sourire, ni blague, ni d'autres mots qu'un : « ça va ? » étouffé, et je pique du nez dans le parapheur, je signe avec plus de fermeté, je me sens plus concerné par la répétition de ces signatures, prétexte pour ne plus regarder les jeunes filles, éviter un échange avec ces êtres de chaleur autour de moi. Leurs sourires vont se figer.

La scène est bien en place, avec tous les protagonistes : les deux jeunes filles, muettes, qui reculent pour disparaître de ma vue et Anne, mon assistante, dont je ne peux pas lire l'inquiétude. Toutes trois, chargées d'affection et de sollicitude et moi, assis, indifférent à elles, indifférent à tout sauf à ma souffrance. La signature des parapheurs a continué dans le même silence, le même acte raté, manqué. Je remets les documents à la jeune femme en la remerciant. Je ne lui ai même pas demandé la date précise de son congé, celle de l'accouchement. Je n'ai pas quitté ma chaise. Elle m'a dit au revoir et elle est partie.

Je n'ai pas entendu le bruit de la porte d'entrée. Alors je me lève, et à pas feutrés, comme pour surprendre ce qui, j'en suis sûr, se trame dans mon dos et sans doute, parano oblige, contre mon intérêt !, je glisse le long du mur pour scruter le couloir. Il n'y a personne, mais par l'entrebâillement de la porte, je peux voir sur le palier, Clarisse dans les bras de la jeune femme et celle-ci dans les bras de Clarisse et si je ne les entends pas pleurer, c'est parce que je me suis retiré rapidement afin de ne pas les entendre.

La séquence de Noël.

Cette année, trop délicat à organiser, presque impossible dans l'atmosphère qui règne autour et à cause de moi. Avec leur habituelle générosité, leur sens illimité de l'hospitalité et de l'amitié, Geneviève et Pierre H. nous proposent de passer les fêtes dans leur maison près de Biarritz.

— Il y aura du monde, des tas d'amis, tu n'auras rien à faire, dit-elle à ma femme, et ça te fera du bien d'être avec nous, ça te reposera et te détendra. Peut-être que ça lui fera du bien, à lui aussi.

— Ça peut être très lourd pour vous, tu sais, difficile. Je ne veux pas vous imposer ça. Les médicaments ne semblent rien lui faire. C'est dur.

— Mais non, venez, avec les enfants, bien sûr.

Ce sera lourd, en effet. Dans la grande demeure où j'ai connu tant d'étés, tant de fêtes, ce qui fut autrefois un lieu de bonheur va se transformer en lieu de douleur et d'embarras. À aucun instant je ne parviendrai à accompagner le groupe d'amis, sauf aux heures des repas. Chez Pierre et Geneviève, autour d'une table joyeuse, toujours dense, on est rarement moins de dix ou douze, c'est le croisement continu des anecdotes, interpellations, blagues. On aborde des sujets sans profondeur mais sans bêtise ni vulgarité, avec l'esprit de repartie, le goût de la citation, le plaisir de commenter l'actualité du monde et du village dont nous sommes les habitants, nous les Parisiens en pays Basque. On parle littérature, poésie, politique. Portraits et souvenirs s'entremêlent et se chevauchent. Il flotte au-dessus de la table du déjeuner comme un brouillard de gaieté, d'intime légèreté, c'est une communauté souple dont les membres divers, écrivains, journalistes, cousins, vieux amis du couple, avocats, artistes, se plaisent à se retrouver pour recomposer, le temps d'une vacance, une manière de famille. J'y ai toujours été heureux, chantant parfois « un petit rien, une bêtise », rivalisant avec le maître de maison dans des assauts de railleries réciproques, façon à peine cachée de dire que l'on s'aime. Et qu'« on est bien ».

Mais le déprimé n'est pas « bien » au milieu de ce brouhaha complice. L'invisible cloison de verre qui le sépare des autres atténue les sons au point qu'il retient à peine les paroles échangées. Il n'a rien à dire à sa voisine de droite, pas plus qu'à celle de gauche. Il ne touche pas à sa nourriture. Il voit bien qu'il faudrait sourire, au moins une fois, aux traits d'humour lancés de l'autre côté de la table. Il s'y efforce. Ça n'est pas génial, ce sourire esquissé, mécanique, deux lèvres qui se desserrent et reviennent aussi vite à leur minceur initiale. Quand la table se disloque pour que les convives passent au salon pour le café et quelques chocolats, il prend la fuite par le petit escalier qui conduit à sa chambre un étage au-dessus. Là au moins, il sera seul, il ne pèsera sur rien ni personne.

C'est une jolie pièce aux couleurs jaunes, chaude et douillette. Par les fenêtres, on peut voir la pelouse, les arbres qui entourent la propriété, un chat persan qui court, sa large queue blanche balayant l'herbe mouillée. Le ciel change au rythme des marées et si l'on ouvrait la fenêtre, on pourrait entendre le grondement lointain des vagues déferlant sur le sable d'Anglet. Mais rien de cette beauté apaisante n'atteint l'homme étendu sur son lit, en proie au balancement entre lassitude et angoisse. Une plage d'épuisement suivie d'un assaut de panique. Le corps est soit gagné par une fatigue de tous les membres, soit saisi par le retour de la broyeuse. Un coup, tu somnoles. Un coup, tu suffoques. Un coup, tu t'enfonces. Un coup, ça t'arrache. Mais à tous les coups, tu perds.

Arrive le soir de Noël.

Je prends conscience que je n'ai pas eu, à Paris, la force ou l'initiative de préparer et acheter des cadeaux. Je le savais pourtant, j'y avais pensé et puis j'avais éludé la question, reporté au lendemain – ce n'était pas grave, tout le monde comprendrait que j'avais été incapable de faire les boutiques, sortir, rentrer, marcher, choisir, payer, parler à un vendeur, regarder les yeux d'une vendeuse. On me pardonnerait. Mais voici le 24 décembre, le soir approche, on sent une agitation dans toute la demeure. Allées et venues, des cris résonnent, on voit arriver des paquets enrubannés, des bouquets de houx, de gui, de fleurs blanches, les sacs s'amoncellent dans les couloirs et autour de la cheminée. Pierre a mis du jazz, les femmes du rimmel, les enfants des étoiles sur la paupière de leurs yeux. La honte s'amorce en moi : que vas-tu faire, que vas-tu dire, avec tes mains vides et ton défaut d'expression ? Oseras-tu dire :

– Je n'ai pensé à aucun d'entre vous.

Tu vas leur dire ça ? Tu oseras le dire ?

Il est trop tard pour descendre en ville, faire trois magasins, deux boutiques et rassembler à la hâte quelques livres ou quelques accessoires et, d'ailleurs, tu n'en serais pas capable : descendre en ville ? Tu rigoles, tu peux à peine descendre l'escalier qui mène de la chambre jaune au grand salon et à la salle à manger. Les forces destructrices se mettent en marche : le pneu qui crève dans l'estomac, les flux de sueur à hauteur de la cage thoracique, la poussière dans les yeux, ça y est, tu plonges un peu plus que d'habitude, parce que la perspective de la confrontation avec Noël, les cadeaux ou plutôt leur absence décuplent ton sentiment de culpabilité. Comme si les murs de ta cellule s'étaient un peu plus resserrés sur toi, avaient rétréci et allaient te comprimer. Bientôt il ne resterait qu'un homme tout plat, une feuille de papier buvard.

– Tiens, voilà, ce que tu vas nous offrir, ce soir.

D'un grand sac de toile marron que j'avais transporté avec les valises à notre arrivée chez nos amis, sans savoir ce qu'il contenait, les mains de ma femme sortent et disposent sur le lit les cadeaux que, avec la complicité de nos enfants, elle a achetés en mon nom afin que je n'arrive pas les mains vides. C'est un beau geste, un pur geste d'amour et de générosité, et je devrais en pleurer de gratitude si mes yeux, seulement, pouvaient redécouvrir la vertu d'une larme.

Car rien n'y fait : il y a deux mois maintenant que je suis sous antidépresseurs, et je ne suis pas sorti d'un centimètre de ma prison intime. Je me demande même si ça n'est pas pire qu'avant – avant les médicaments.

18

Les antidépresseurs ! Je les avais abordés avec crainte, avec la même réticence avec laquelle j'avais approché celui qui les prescrivait, l'homme de science, le médecin. Je n'allais tout de même pas me soumettre à ces drogues. Mais j'avais écouté la voix, l'alarme qui avait sonné :

– Fais ça pour moi, fais ça pour nous.

Entrer dans le cycle des antidépresseurs, quand on est déjà fortement déprimé, signifie plusieurs choses : on y croit et on n'y croit pas. On en veut et on n'en veut pas. On sait que cela aide et a aidé des millions de gens avant soi, on sait que le docteur n'agit pas à la légère, c'est un spécialiste, il possède savoir et expérience. Il faut lui faire confiance. Simultanément, la petite voix démoniaque du doute vient murmurer :

– Dans quoi tu t'embarques, là ? Où tu vas, exactement, avec ces machins ?

Vous êtes assis à votre table, l'ordonnance étalée devant vous, les boîtes, toutes couleurs et tous formats, sont rangées par ordre de prise : celles du matin, du mi-matin, du midi, du soir. Vous avez écrit sur chaque boîte la dose à prendre, et la progression de ces doses. Il y a ce que vous prendrez les trois premiers jours, et puis les jours qui suivront on « montera en puissance ». Et après, on se tiendra à ce rythme. Il y a les Effexor du matin, le demi-Lysanxia du matin, le Lysanxia du soir, les trois à cinq gouttes de Tercian du soir, l'Arcalion de la mi-matinée, le quart de Lexomil, « si besoin ». Tout ça, pour vous « tasser », comme dit souvent le toubib, pour ralentir la broyeuse. Certains éléments pour stimuler dans la journée, et puis celui pour calmer, plus tard et ensuite, les gouttes pour permettre de dormir. Il a bien expliqué tout cela, il vous a donné une feuille de route, un ordre de marche. Vous êtes pris en charge, pris en main, ça devrait vous rassurer, non ? Pas totalement, non, puisque rien ne me rassure.

Prudent, lent, circonspect, je vais, sur chaque boîte, inscrire la dose à prendre, l'heure et le moment de la journée, la progression dans les prises. Désormais, ces boîtes, ces comprimés blancs, bleus, parme, jaunes, coquille d'œuf, ces gouttes incolores, cet agrégat de petites choses d'apparence inoffensive va dicter le déroulement de ma vie. Avant d'avaler la première dose (« il faut commencer dès ce soir, vous ne pouvez plus attendre »), je commets l'erreur de lire les notices. Je découvre les « mises en garde spéciales », l'énoncé des « effets indésirables éventuels », les « effets non souhaités et

114

gênants ». Termes pudiques, discrets, qui recouvrent une lourde menace. Et l'angoisse se nourrit de cette nouvelle information. On risque des effets secondaires, ils sont nombreux, et ils sont, curieusement, déjà familiers.

Que disent, en effet, ces petites notices que je déplie l'une après l'autre et que je déchiffre avec étonnement ? Que je peux être sujet à des vertiges, à une confusion de mon esprit, à des transpirations excessives, à des maux de tête, à des constipations, à une impuissance sexuelle. Mais j'ai déjà tout ça, moi ! Vous n'allez quand même pas rajouter du mal au mal, du malaise au malaise ! On m'annonce, en outre, la somnolence, la perte de poids, l'accélération du rythme cardiaque, on me déconseille d'utiliser des véhicules automobiles, on me prédit irritabilité, agressivité, fatigue, trou de mémoire, baisse de vigilance. Mais je suis déjà dans tout ce cirque, moi ! Je ne comprends pas.

J'appelle le médecin. J'entame, avec ce premier appel, ce qui deviendra ma relation téléphonique avec cet homme dont je vais rapidement connaître le numéro par cœur et dont la voix posée sur le message du répondeur va contribuer à mon effondrement puisque, bien vite, j'aurai besoin de lui parler, de l'entendre, et toute absence au bout de la ligne ajoutera un supplément d'anxiété. Il est là, néanmoins, pour ce premier appel. Il a un petit rire protecteur, qui se veut réconfortant :

— Écoutez, vous devriez savoir qu'il ne faut jamais lire les notices d'accompagnement.

— Oui, dis-je, mais quand même... ça va me rendre plus malade que je ne suis. Vous avez lu ce qu'ils disent ?

— Mais non, mais non, prenez vos doses, vous devriez avoir déjà commencé. Ne lisez pas ce qu'il y a dans les notices. S'il fallait croire tout ce qu'elles disent, personne ne se soignerait. Allez-y, faites-moi confiance, on va y arriver.

Ces quatre derniers mots deviendront la formule rituelle qui achèvera nos conversations téléphoniques : « On va y arriver. » Et, sous la tenace emprise du doute, je vais croire entendre dans la voix lassée de mon interlocuteur (il m'arrivera de l'appeler plus de dix fois par jour) qu'en fait, lorsqu'il me dit « on va y arriver », c'est tout autant pour s'en persuader lui-même que pour me convaincre. En attendant, quelques jours seulement après le début du traitement, de nouveaux symptômes vont apparaître, plus ou moins annoncés dans les notices, mais que j'avais omis de mentionner au docteur.

La première chose, c'est le brouillard qui se répand dans les yeux. La vision est troublée. Un voile diaphane et intermittent vient déranger la vue, j'ai de la peine à lire, ce n'est pas très grave, puisque aucune lecture ne suscite mon intérêt. Mais j'ai du mal à y voir clair, ça vacille. Je me vois flou, je me sens flou. Quel est cet homme sans contour précis, à qui appartient ce visage gommé, quelle est cette photo sans repères fixes ? Le miroir, que je consulte trop souvent, renvoie une image brumeuse, la caméra ne sait plus faire le point. La deuxième chose, c'est la bouche qui s'assèche. Il y a comme du plâtre dans le palais. Cela me pousse à boire beaucoup, à chercher au milieu d'une rencontre ou d'un entretien, un rendez-vous au bureau ou ailleurs, et ceci, parfois, dans un état de fébrilité paniquante, le verre d'eau salvateur, la bouteille indispensable. Je me lève et vais aux toilettes, j'humecte ma bouche et mes lèvres, je reviens mais au bout d'un court instant la sécheresse reprend le dessus. Ça modifie ma façon de parler, le ton de ma voix. La langue a perdu toute souplesse, c'est comme une petite lamelle de bois ou de tôle qu'on aurait mise à sa place. La nuit, cette sensation aride va perturber un peu plus mon sommeil. Car si les petites gouttes du soir ont réussi à me cogner suffisamment pour que, dès vingt et une heures, je m'endorme – elles n'empêchent pas le réveil en sursaut au milieu de la nuit profonde, le rendez-vous inévitable de trois-quatre heures du matin. L'autre syndrome, c'est une constipation colossale. C'est fini, terminé, il ne se passe plus rien de ce côté-là, je vais rester des heures assis à attendre, et cet arrêt de mes fonctions intestinales va devenir obsessionnel, augmenter la stupeur dans laquelle me plonge le traitement. Cela va me rendre un peu plus bête, plus limité. Parallèlement, je commence à avoir des trous de mémoire.

117

Je ne trouve plus mes mots. Alors, j'appelle à nouveau :

— Je ne vois plus très bien, j'ai la vue qui flanche.

— Ça arrive, vous allez vous y habituer, ça va se rétablir, c'est le début.

J'ajoute :

— Je ne peux plus aller à la selle.

— Ça n'est pas très important. Ça va s'améliorer.

Je proteste :

— Vous vous trompez, c'est très important, ça ne va pas du tout, vous savez c'est une horreur vos médicaments, je ne sais pas comment je vais continuer à supporter ça.

— Attendez, vous avez à peine démarré !

— Ça fait dix jours déjà !

— Mais ça n'est rien. Vous allez vous accoutumer à tout ça, il faut vivre avec, c'est le prix à payer, on va y arriver.

— J'ai peur que non.

— Bon, je viens vous voir. Ce soir, dix-huit heures, c'est bon, chez vous ?

19

Il arrivait avec un casque de motard à la main qu'il posait dans le hall d'entrée. Il sentait toujours le tabac.

J'essayais de lui dire que je préférais qu'il ne fume pas chez moi. Il s'y pliait, plus ou moins. Il s'asseyait dans la petite salle à manger dont je fermais les portes. Je l'informais de l'évolution de ma situation, il avait bientôt acquis une bonne connaissance des actions et manœuvres qui se déroulaient à l'intérieur d'un grand média. Trois ou quatre fois par semaine, je le recevais le plus souvent en fin de journée, moi au retour du bureau, lui au retour de l'hôpital, et je lui exposais ce qui se passait. Je voyais bien que mes jours étaient comptés, mais je m'accrochais au job, effrayé à la perspective de ne plus savoir quoi faire.

— Tu peux toujours écrire, me disaient les rares amis.

Je n'osais pas répondre :

— Mais non, je ne sais plus ce que c'est d'écrire.

Je n'ai plus le jus, l'envie, l'énergie, je ne trouve plus les mots.

Henri Michaux a écrit : « Celui qui a une lame de rasoir dans l'œil se fout bien du sort de la marine anglaise. » Il me fallait, avant tout, lutter contre la lame de rasoir. Elle m'empêchait tellement de voir que j'en tombais, littéralement, au sol.

C'est un soir. Avec un couple d'amis intimes à qui il n'est pas besoin de dissimuler quoi que ce soit, nous tentons d'aller dîner dehors. Ce n'est pas loin de la maison, on marche. On traverse la rue de Varenne, je trébuche en quittant le trottoir pour la chaussée, je m'étale de tout mon long. En tombant, mon épaule a heurté le rebord du trottoir, j'ai senti une vive douleur, on m'entoure, on me relève, on m'aide à reprendre pied – si on ne l'avait pas fait, je serais peut-être resté comme ça toute la nuit, le nez dans la rigole, le visage plaqué contre le bitume noir qui sentait l'essence, comme un clodo ou un ivrogne, satisfait de sa chute, convaincu que cela ne vaut pas la peine de se remettre debout.

– Ça va, tu ne t'es pas fait mal ?

– Non, ça va.

Mais ça ne va pas du tout et, le lendemain, l'épaule abîmée, passage à l'hôpital, radio, on m'affuble d'une espèce de gaine protectrice (« on ne

plâtre plus depuis longtemps ») qui m'oblige à por
ter le bras en écharpe, ce qui me permet de dire :
— Je ne peux plus rien faire. Je ne peux plus alle:
demain à Luxembourg.
Réplique du psychiatre :
— C'est parce que vous ne voulez pas y aller. Vou:
n'êtes pas tombé par hasard. Vous avez voulu tom
ber. Vous devez aller là-bas.
Et ma femme et mon fils de renchérir :
— Vas-y. Tu dois y aller. Si tu n'y vas pas, on ne te
parle plus.
Je n'ai rien à faire là-bas, sinon assister à un dîner
de têtes, enregistrer la reprise en main de mes attributions par d'autres responsables, début convena-
ble d'un processus de détachement. Il faut que je
sois là, tout de même, pour assurer mon maintien
dans l'appareil, même si je n'en suis plus le maître.
Protéger, aussi, mes émoluments, car l'angoisse de
ne plus savoir comment gagner ma vie me ronge,
comme d'autres angoisses. Je m'envisage endetté,
taxé, poursuivi par l'impôt, les emprunts, les ban-
ques. Le bras en écharpe, les antidépresseurs en
poche, la vue brouillée, la bouche sèche, la voix
réduite (« qu'est-ce que vous avez, vous avez pris un
rhume ? »), les yeux éteints, le sourire de circonstance, j'irai donc à Luxembourg. J'aurai l'impression d'y être transparent.
— Alors, vous êtes content, dirai-je au psy à mon
retour. J'y suis allé !
Il va rire :

– Vous êtes impayable. On a fait ça pour vous. Au moins vous y êtes allé. Vous voyez : vous en étiez capable !

Il avait pris ses habitudes, lors de ses visites de dix-huit heures. On lui servait un verre à boire, de temps en temps. Nous suivions une routine. Je commençais par énumérer mes malheurs. Il continuait en les démystifiant, les décortiquant, les réévaluant. Il n'était pas maladroit, il savait écouter et j'éprouvais un soulagement passager à lui parler. Ça durait trois quarts d'heure, parfois une heure. Il ne ménageait pas son temps, et il me le faisait payer assez cher. Il repartait, l'œil indéchiffrable derrière ses lunettes opaques, son casque de motard à la main, le ventre saillant sous son blouson et son pull. Il me faisait penser à un assistant de cinéma pendant un de mes films – un rondouillard sans jovialité, mais efficient. Il ne manquait jamais de faire une ou deux recommandations pratiques, des petits conseils de vie quotidienne :

– Buvez un verre de vin, le soir, au repas, ça vous fera du bien.

Ou alors :

– Faites un effort. Votre femme me dit que vous avez encore annulé une invitation à dîner ce soir. Vous avez tort, allez-y, voyez des gens.

J'ai accepté. On s'est retrouvés à l'ouest de Paris, dans un hôtel particulier situé dans une de ces avenues qui longent une ligne de chemin de fer désormais inutilisée. Il y avait des gens que je connaissais, une douzaine de couples. À l'apéritif, j'ai essayé de me mêler aux groupes qui se formaient et se déformaient avec cette lenteur suave, non calculée, et cependant régie par je ne sais quelle règle – on va de l'un à l'autre, les femmes se retrouvent presque invariablement ensemble, il y a toujours une sorte d'attraction vers l'homme de pouvoir, celui qui tient les cartes du moment. Il vous tourne le dos, vous essayez de le contourner, mais vous n'y parvenez pas, et son regard n'accroche pas le vôtre, et ceux qui ont fait cercle autour de lui ne vous laissent pas y pénétrer. Vous vous croyez exclu. Vous restez figé, comme un arbre, en attendant qu'on passe à table, et vous vous dites : « Fais un effort. Dis quelque chose, raconte une blague, pose une question. »

« Le dîner est servi », et c'est la même impression de ne pas appartenir à cette assemblée. Ce qui se dit, je n'en retiens rien ; ce qui fait rire, je n'en ris pas. Ce qui étonne me pousse à froncer le sourcil et à prononcer trois mots :

– Ah bon, il a dit ça ? Pas croyable !

Ce qui fait se retourner quelques têtes vers moi, avec des regards dans lesquels je crois lire : « Tiens, il a réussi à s'exprimer. » Il y a là un professeur en médecine qui s'occupe de plus en plus de ses livres et de leur promotion et de moins en moins de son service ; une femme sans âge, je ne comprends pas exactement ce qu'elle fait, des histoires de docus télé dans des pays latins ; un couple charmant et très âgé, il parle peu, mais chacune de ses phrases, comme distillée, fait réfléchir. C'est un sage, il est beau à regarder, on envie son aisance, la finesse de ses mains parcheminées. Son épouse possède la même élégance et déploie la même science du comportement en ville : on écoute, on intervient quand il faut, on meuble les silences, c'est un régal que de les observer et je les observe trop car ils s'en aperçoivent et me scrutent avec ce que je crois être une lueur de sarcasme. Il y a le banquier d'affaires qui sait tout et vous le fait savoir, et le député ministrable qui assène des réponses à des questions qui ne lui ont pas été posées. La mèche blonde sur le front, le geste ample, il valse avec les prédictions, les jugements, les certitudes. Il y a deux Américains, un écrivain, une chargée de presse. Tout ce monde n'est ni plus ni moins intéressant qu'autrefois, et j'aurais pu apprendre deux ou trois choses sur la conduite de l'actualité, la qualité de tel nouveau film, nouveau livre, nouvelles tendances, si j'avais retenu un seul mot de ce qui s'était dit. Mais il ne m'était rien resté, sinon, en spirale, cette interrogation muette entre chaque plat, chaque apparition du maître d'hôtel : « Ça va finir quand et quand pourrons-nous partir ? »

Sur le chemin du retour, nuit froide et très noire, trafic rare, je vais brûler deux fois les feux rouges, manquer entrer en collision avec un scooter, puis avec une camionnette, puis me tromper trois fois d'itinéraire.

– Attention, attention, qu'est-ce que tu fais, où tu

vas ? Pourquoi as-tu voulu prendre le volant ? Sois
gentil, arrête-toi, descends, rends-moi les clés.

J'avais insisté, en effet, en sortant du dîner. Il fallait que je conduise, manière d'affirmer mon identité, ou recherche inconsciente d'un accident ?

– Ça doit être l'effet de l'Effexor, ai-je répondu.

Je ne recommencerai pas de sitôt la tentative du
dîner en ville. Ça n'est pas ainsi que je vais guérir.

20

Il y a près de trois mois que je suis sur Effexor, Tercian, Lysanxia, et autres gouttes, comprimés et pilules. Il ne faut pas écrire « sur Effexor » mais plutôt « sous ». Vous êtes recouvert par l'antidépresseur, dominé, chapeauté et plombé. Il s'est assis sur vous, il vous a habillé d'une camisole engourdissante et abrutissante, il vous permet de vaguement résister, il vous a « tassé », comme dit le docteur.

Ces effets secondaires, dont on vous a dit qu'on s'y habitue, qu'ils ne durent pas, n'ont rien perdu de leur force, ils ont encore réduit vos moyens. Pas question d'écrire, à peine question de fonctionner dans des fonctions qui vont m'être retirées, pas question d'avoir repris goût à quoi que ce soit, la vie, la table, les amis, le spectacle, la lecture. Seul réconfort vigilant et patient, Françoise et Jean me procurent sinon le plaisir d'être à leurs côtés, du moins un rempart de sécurité et de chaleur. Même si je suis incapable de répondre à leur amour, de leur exprimer ma reconnaissance, il m'est utile par petits moments. À d'autres moments, plus fréquents, je n'entends pas le son de cet amour, je n'en vois pas le visage. Je m'isole. Je ne suis pas « joignable ».

Je suis « tassé », mais ce tassement n'apporte aucune délivrance. Je comprends bien, d'après le docteur que cela a permis de freiner la pente dans laquelle je glissais. Mais on la remonte quand et comment, la pente ? Il avait dit : « Donnez-moi trois semaines. » On n'en parle plus de ces trois semaines, ce délai si rapide qui devait suffire à me rendre vigueur. Je n'ai aucune raison de le reprocher au docteur P. Il sourit avec son air rassurant et compétent :

– On va y arriver.

On n'y arrive pas. On n'y arrive tellement pas que j'y perds mon intelligence, mes intuitions. J'oublie, je confonds, je ne sais plus ce que j'ai déclaré, ce que j'ai accepté comme accord ou compromis, je ne sais pas si j'ai dit oui à tel ou tel, lâché telle concession, si j'ai trop confié mon désarroi, ce dont on a profité pour m'enfoncer un peu plus.

Et puis un nouveau phénomène a vu le jour et a augmenté en puissance. Je pose sans cesse la même question, à quelques minutes d'intervalle :

– Mais tu as déjà posé cette question, me disent ma femme et mon fils.

– Pas du tout, dis-je, pas du tout, ou alors on ne m'a pas répondu.

– Mais si, tu ne te souviens pas ?

– Non, je ne peux pas m'en souvenir puisque je n'ai rien demandé.

– Ce n'est pas vrai, tu m'as posé la question.

– Non !

J'en deviens agressif, désagréable, irrité. On me donne la réponse, alors, et, un peu plus tard, je repose la question sans être conscient de la répétitivité de mon acte. En général, c'est une question triviale qui porte sur le temps, le courrier, un rendez-vous, une facture, mais elle prend une proportion qui tourne à l'obsession. Et j'oublie aussi vite que j'ai interrogé. Je perds la mémoire de certaines choses, des objets laissés sur un guéridon ou un lit, des coups de fil à renvoyer, des lettres à ouvrir et qui traînent sur mon bureau. Je suis « méchant » avec ceux qui m'aiment. Des petites bouffées de colère soudaine me montent à la tête, je crie puis je me calme. Cela devient inquiétant. Je lis l'étonnement et la perplexité sur les visages. Le phénomène s'accélère et le docteur P. décide, en accord avec ma femme, de faire vérifier l'état de mes neurones. Après tout, il ne s'agit peut-être pas seulement d'une dépression : méchanceté plus perte de mémoire, il y a comme un soupçon d'Alzheimer dans l'air. On m'hospitalise.

21

Je n'ai pas compris pourquoi – manque de lits dans le service adéquat ? –, mais je me retrouve, pour une semaine, dans une aile autre que celle à laquelle j'aurais dû être affecté. Un autre service où l'on soigne des cas qui n'ont rien de comparable avec ce dont je souffre. Des hommes et des femmes sans grand espoir de retour à la raison. Des malheureux, passés déjà, sans doute, de l'autre côté du fleuve. Le docteur m'assure qu'on me soumettra vite aux tests nécessaires et que, entre-temps, je pourrai me reposer. Tout ira bien, on viendra vous voir régulièrement, ça va aller.

Mais dans ma faiblesse, mon manque de clairvoyance, je vais interpréter cet épisode comme un enfermement, une injuste mise à l'écart, une punition. Je vais en vouloir au monde entier : ils m'ont installé chez les fous, ils veulent m'avilir, me faire tomber un peu plus. Ils m'ont jeté parmi les chiens. Ce n'est pas un hôpital, c'est un enfer. L'hôpital, j'avais connu ça il y a presque dix ans, lors de mon grave accident respiratoire. J'avais été protégé à Cochin, surveillé et chouchouté, dans un service impeccable, un pavillon neuf, infirmières et aides-soignantes dévouées, un chef de service tout attaché à ma guérison, mon chemin vers la lumière. Certes, l'épreuve avait été terrible, un voyage dans les hallucinations et l'angoisse de la mort, mais le retour à la vie, à la respiration naturelle, au bien-être (la belle expression : « être bien ! ») m'avait presque fait aimer ce lieu, ce paquebot bien géré, harmonieux, aux couleurs claires et consolantes. J'en étais sorti un ardent défenseur de l'hôpital, j'avais écrit un chapitre entier pour célébrer les qualités de cet univers et de ses habitants, serviteurs anonymes qui sauvent la vie des autres, à eux inconnus.

On dirait, ici, que j'ai oublié tout cela, ce n'est pas le même hôpital, ce ne sont pas les mêmes gens, le même ordre, les mêmes mœurs, les mêmes gestes, il est vrai que je ne suis pas le même homme. Je ne vois que du négligé, de l'expéditif, de l'indifférence, sinon de la brutalité. J'ai l'impression qu'on se contrefiche de ma personne, de mes besoins les plus élémentaires. Les lumières sont dures et crues, laides. La nourriture est immangeable, le lit inconfortable, le bruit dérangeant, les nuits sont courtes et les matins sordides. Il n'y a aucune communication entre les infirmières et moi, elles changent souvent et je n'aurai pas le temps de m'accoutumer à elles, connaître leurs prénoms, entamer une ébauche de dialogue.

J'ose à peine sortir de ma chambre pour accéder aux toilettes communes car je croise, dans le couloir, des êtres désemparés, coupés de ce monde. Ils marchent à pas lents, certains tremblent de tout leur corps, d'autres ont sur leur visage un sourire fixe et désespéré, d'autres un air abruti, désincarné. Il y a des vieux, des jeunes, ils ne me paraissent pas vindicatifs, mais engoncés dans leur solitude. Je me méfie, cependant, et j'ai vite pris l'habitude, quand j'entame le court chemin de ma chambre aux W.-C., de regarder droit devant moi. Mes yeux sont ailleurs, je suis convaincu qu'ils ne doivent en aucune façon rencontrer les yeux des autres. De temps en temps, depuis mon lit, où je reste indéfiniment couché, j'entends des cris, des gémissements. Un matin, une voix répète les mêmes quatre mots :

– J'ai perdu mon glabagla, j'ai perdu mon glabagla.

Ça sonne comme cela, glabagla, le patient veut désigner quelque chose de précis mais il ne trouve pas le mot, alors ça devient une purée de sons, du charabia : du glabagla ! J'entends l'aide-soignante dire sur un ton autoritaire, mais contenu :

– Calmez-vous, monsieur Gilbert, calmez-vous. Attendez, je m'occupe de ça, on va vous le remettre en place.

Les portes n'ont pas de poignées, ce sont des battants que l'on peut ouvrir aisément, d'une poussée de main. Un soir, j'ai vu un corps brusquement débouler, un type qui a fait une culbute à l'envers, c'est-à-dire qu'il est tombé sur le dos comme s'il s'était appuyé contre le battant qui avait cédé sous son poids et il est arrivé comme ça, boum, roulant-boulant sur le sol, sans prononcer une parole. J'ai sursauté, c'était inattendu et dérangeant. Ça m'a fait peur. Je me suis demandé s'il ne voulait pas m'agresser, voler les journaux apportés par ma femme – je ne parviens pas à les lire –, ou les biscuits et fruits – fournis aussi par ma femme et qui permettent de compenser la médiocrité des plateaux-repas – mais je n'ai pas osé lui parler. Il est resté au sol. Ça a été rapide et, hormis le bruit de sa chute, il n'y a eu aucun son. C'était un peu irréel. Une infirmière s'est précipitée, venue du couloir, sans doute avait-elle suivi le patient :

– Monsieur Clerc, qu'est-ce que vous faites là, voyons, relevez-vous, s'il vous plaît. Relevez-vous.

Elle l'a entraîné hors de la pièce. Je n'ai pas protesté. Je n'ai même pas vu à qui ressemblait ce M. Clerc. Je ne me souviens pas avoir aperçu son visage. J'ai seulement retenu cette espèce de mouvement de bascule, son irruption, c'est cela qui m'a impressionné, cette façon de se projeter chez moi, dans mon petit univers, et j'ai craint, à partir de cet instant, que ça recommence et que d'autres hommes se propulsent près de mon lit de la même manière, sans se faire annoncer, sans parler, encore moins s'excuser.

Le lendemain soir, à la même heure ou presque (on dirait que c'est toujours le soir que les choses vont plus mal dans les hôpitaux à l'heure où la nuit débarque et vient vous apporter, petit facteur de l'angoisse, ses messages d'interrogation et de mélancolie), en rentrant après avoir fait quelques pas dans le couloir pour désankyloser mes jambes, j'ai trouvé une crotte, sur le sol, au milieu de l'étroit espace entre la fenêtre et mon lit. Quelqu'un était venu faire ses besoins, tout bêtement, un homme ou une femme, allez savoir. J'ai appelé l'infirmière. On a nettoyé. J'ai compris que je n'étais absolument pas maître de mon territoire, mon minuscule cercle intime, et j'ai été tout d'abord submergé par la honte, au point que je n'ai révélé cet épisode à personne, ni au docteur qui était venu me voir une fois, ni à ma femme, ni à l'un des professeurs qui avait recommandé ce même docteur à celle-ci et m'avait rendu une visite de courtoisie. La honte – comme si c'était moi qui avais commis cette saleté, comme si, après tout, je la méritais. Pourtant, j'ai eu une autre pensée.

Je me suis dit : « Ça ne va pas durer longtemps, ce cirque. Tu vas passer les tests et te tailler d'ici, vite fait. »

Ça a peut-être été ma première pensée positive depuis des mois et des mois, ma première décision, mon premier réflexe de résistance. Je ne m'en suis pas aperçu sur-le-champ, ce n'est qu'aujourd'hui, quand je me remémore ce court passage dans cet hôpital, que je peux discerner le premier balbutiement de volonté venu du fond de moi.

Au fond de moi, il y avait le vide, le désespoir quotidien. Mais il y demeurait je ne sais quelle couche d'orgueil ou de dignité. La merde posée au milieu de la chambre, sous la lumière verdâtre et bleuâtre du néon du plafond, avec, par la fenêtre, les ombres grandissantes de la nuit de la ville, une nuit jamais noire, jamais pure, ça avait été l'ultime atteinte à ma personne, à celui que j'étais, ou celui que je n'étais plus, ou celui qu'il fallait que je redevienne. Mais je ne l'ai pas analysé de cette manière. Simplement, il y a eu un sursaut de refus, un premier signe, une faible lueur de retour à mon identité.

Alors, quand on est venu me chercher pour m'accompagner dans un autre bâtiment et passer les tests, je me suis dit une nouvelle fois : « Tu ne vas pas te laisser posséder par cet endroit et ces gens-là, tu vas faire tes examens et tu vas montrer que ça fonctionne, qu'il te reste une mémoire et puis tu vas t'en aller. »

Le docteur, une femme, a disposé des feuilles avec des triangles, des cubes, des cercles, des taches noires ou blanches, des lignes parallèles ou des figures géométriques, perpendiculaires, des chiffres et des lettres. Il fallait identifier, compléter, mémoriser, comparer. Au début, c'était facile. Ensuite, ça devenait plus compliqué, plus entrelacé, je ne retrouvais pas toujours les références aux signes précédents, je ne remettais pas toutes les informations en ordre. Mais j'avais l'impression que ça marchait à peu près bien. Je faisais un gros effort de concentration et je

134

me surprenais à sourire à la femme devant moi, de l'autre côté d'un bureau dans son petit cabinet de consultation. Je me refrénais de lui dire : « Vous savez, je ne suis pas n'importe quel malade, je n'appartiens pas à la troupe des misérables parmi lesquels on me fait vivre là-haut, au cinquième étage dans l'aile Tréguez. J'ai tout à fait ma tête, faut pas croire, hein ! » Et ce qui me restait de vanité me poussait à lui dire : « Vous savez qui je suis, j'imagine. J'ai écrit des livres. J'ai fait des films. Je ne vaux pas rien ! » Mais je me taisais, ne parlant que pour donner les réponses aux petites énigmes, rébus, calculs et labyrinthes, jeux de reconnaissance et de connaissance que me proposait la spécialiste. Fallait pas faire d'erreur, fallait être discipliné. Je ne me souviens pas précisément du contour de son visage. Elle portait des lunettes, elle était blonde, elle avait un air patient et prudent.

J'ai fait ça deux fois en l'espace de six jours et, le reste du temps, j'ai vécu le vide et la peur, l'incapacité de sortir de ma chambre et la rongeuse dans le ventre, malgré les antidépresseurs que je continuais à prendre sans ne plus croire à leur vertu. Et puis j'ai quitté l'hôpital.

Un ami est venu m'aider à effectuer les démarches de sortie, Jérôme, il a fait partie de ceux qui m'ont tendu la main, et je lui en saurai toujours gré.

C'était quoi, ce « glabagla » qu'il avait perdu, M. Gilbert ? L'infirmière le lui a certainement remis en place, comme elle le lui avait promis, mais est-ce qu'il l'a perdu à nouveau, après mon départ ? Est-ce que ça lui permettait de survivre, le glabagla ? Qu'est-ce qu'il est devenu, cet homme dont je ne connais que la voix stridente et pleurnicharde ? Où est-il passé, M. Gilbert ? Nous sommes des étrangers les uns aux autres qui avançons dans la nuit sans nous rencontrer, petits enfants encombrés de mille frayeurs, appelant au secours, secrétaires de consignes mystérieuses qui nous ont été dictées par une force inconnue.

22

Les résultats obtenus en milieu hospitalier ont démontré que je ne souffre d'aucune déficience mentale.

Nous sommes donc bien immergés, encalaminés, immobilisés dans une grosse dépression. Peut-être, après tout, avons-nous fait fausse route d'un point de vue médicamenteux. Le docteur annonce et décide qu'on va changer d'antidépresseur. Il y a longtemps qu'il n'ose plus parler de sa promesse initiale : « Donnez-moi trois semaines. »

– On va vous prescrire du Prozac, dit-il.

Lorsque votre corps a été pris en charge par un antidépresseur, vous ne pouvez pas du jour au lendemain passer innocemment d'une molécule à une autre. Il faut d'abord « descendre » les doses d'Effexor, pour faire « monter » celles du nouveau produit, le Prozac. C'est un glissement de terrain. Ça prend quelques jours et cela vous inquiète plus que de coutume. Toute cette chimie qu'on vous balance dans le sang, la tête, les nerfs, cette rencontre entre deux produits dont, malgré l'avis du praticien, vous découvrez en lisant la notice d'accompagnement les innombrables effets secondaires. Ce croisement dans votre système psychique d'éléments artificiels dont la composition vous paraît mystérieuse va donner quels résultats ?

La déception est à la hauteur du changement. Car ça ne soulage en rien l'assèchement de la bouche, la constipation, le souffle court, la perte d'appétit, la vision brouillée, la voix sourde. Au contraire : au bout de quelques semaines du nouveau traitement, il semble que je plonge un peu plus dans cette souffrance quotidienne, inconcevable pour celui qui ne l'a pas vécue. L'Effexor m'avait « tassé », le Prozac n'améliore rien, mais ravive les insomnies, fortifie les angoisses, encourage les manies que j'ai développées, ce comportement quasi infantile qui est désormais le mien.

Un désastreux voyage dans les Caraïbes en sera bientôt l'illustration.

Mon ami fidèle, Pierre B., et sa femme, propriétaires d'un bateau ancré à Nassau, nous invitent à venir passer quelques jours aux Bahamas. Le docteur dit que c'est une bonne idée. Qu'il s'en aille ! Qu'il aille au soleil, à la mer bleu turquoise, qu'il s'éloigne de son lieu de travail qui n'est plus qu'un lieu d'impuissance, d'autorité disparue.

Je dois rejoindre ma femme qui se trouve déjà sur le continent américain pour son métier, mon fils m'accompagnera jusqu'à Miami. Ce devrait être, pour lui, comme une détente finale avant ses examens de fin d'année. Je vais lui faire subir le voyage le plus désagréable de sa jeune existence.

À peine arrivé à Roissy, en effet, l'aérogare m'apparaît comme un espace hostile, incompréhensible, un champ de bataille. Tout est une épreuve, un enchaînement d'obstacles qui provoquent interrogations et problèmes. Les indications du vol, de porte d'embarquement, le passeport, le visa, le billet, les tableaux électriques, les bagages, le siège attribué – tout est prétexte à mes questions répétitives, obsessionnelles :

– Tu crois qu'ils nous ont bien enregistrés, on va être en retard, on va rater l'avion. (Je suis arrivé deux heures et demie en avance.) Et est-ce que les bagages vont bien jusqu'à Nassau ou faudra-t-il les récupérer à Miami ? Mais à Miami, on aura jamais le temps entre deux avions ? Ils vont égarer nos bagages ! Peut-être qu'on aurait dû les enregistrer jusqu'à Nassau ! Et puis, tu connais les douanes américaines ! Ils sont odieux, méticuleux, ils vont nous bloquer. Ils vont nous faire rater les correspondances. Et puis, es-tu bien sûr que Pierre et Annie vont bien nous attendre là-bas ? Est-ce qu'on a seulement leur numéro de portable ? Suppose que l'avion soit détourné ailleurs. Une tempête, va savoir. Suppose qu'ils ne soient pas là pour nous attendre, on va coucher où ? Sur le sol du terminal ?

– Arrête, arrête, arrête, souffle mon fils, exaspéré par ma conduite, embarrassé à la vue des têtes qui se retournent – celles des gens qui ont perçu ce monologue continu de préoccupations idiotes.

Dans le salon d'attente, où j'ai tant de fois, en partance pour New York, L.A., ou autres destinations transatlantiques, bavardé avec des relations que je retrouvais dans cette sorte d'euphorie superficielle qui vous gagne avant un départ, alors que les hôtesses et les chargées de relations publiques viennent démontrer le souci qu'elles ont de votre confort, je déambule et tourne en rond, dévoré par l'anxiété et la fébrilité, la peur de m'envoler. Le membre d'une célèbre famille, homme courtois et affable, que j'ai souvent côtoyé, avec qui j'ai entretenu des relations cordiales, me reconnaît, ébauche un sourire contraint et s'enfuit. Ce jour-là, dans ce salon, il a vu un homme qu'on donne pour mort dans Paris. Il ne me dévisagera plus jamais de la même manière et je dis en le voyant s'éloigner :

– Tu vois, ils m'ont condamné, ils savent, ils me tournent le dos.

Mon fils :

– Arrête, tais-toi, je t'en prie, assieds-toi, tout le monde te regarde !

À l'entrée de la porte qui mène à l'avion, il y a une sorte de confusion et je crois que je n'ai pas pris la bonne formule ni rempli la bonne déclaration pour le transfert des bagages, et pour le transit qui sera le nôtre. Alors, va monter en moi une véritable fièvre, la certitude que, dès notre arrivée à Miami, les ennuis les plus graves, les procédures les plus atroces vont nous attendre. Le souvenir lointain d'un minuscule incident qui, de longues années auparavant, m'avait opposé à un officier des douanes, précisément dans le même aéroport de Miami, jaillit et enfle, gonfle, envahit ma personne et mes pensées, si l'on peut appeler cette purée mentale une pensée. Pendant les dix heures de vol, je ne vais parler que de cela :

— Si les papiers ne sont pas en règle, on peut se retrouver en cellule, tu sais, avec la douane U.S., tu ne te rends pas compte.

— Tais-toi, tais-toi, tais-toi, répète Jean.

Et comme je persiste et m'obstine, je radote et je spirale, je piétine et je patauge et je bégaye, j'interromps ses tentatives de s'endormir, les « tais-toi » de mon fils vont se muer en un « ta gueule » ferme et presque violent. Ça va aller jusqu'à l'insulte de sa part, seul moyen de me faire taire.

C'est un jeune homme devenu un homme jeune. Il est presque au bout de l'année terminale de son bac. Il travaille sans arrêt. Je comprendrai plus tard que la crise dont il a été le témoin, cette vision quotidienne de la dégradation d'un père, au lieu de troubler ses études, l'ont renforcé dans sa volonté, sa faculté de résistance. A-t-il à un moment ou un autre décidé deux choses : « Premièrement, je ne serai jamais comme ça. Jamais je ne me laisserai chuter

141

dans cet état. Deuxièmement, je vais décupler mes efforts pour obtenir le meilleur des résultats, ça aidera peut-être papa, ça lui redonnera peut-être le moral. » Il est vrai qu'il avait entamé la construction de ses défenses bien plus tôt dans une vie encore si courte. À l'âge de onze ans, il avait été victime d'une triple fracture du fémur de la cuisse droite dans un accident de ski. Cinq mois de plâtre. D'abord un séjour à l'hôpital, au milieu d'enfants de son âge, certains atteints par des cancers, des maladies quasi fatales. Petits crânes dénudés par la chimiothérapie, petits voisins de chambre pâles, en danger absolu. Il avait tout enregistré et absorbé avec calme et dignité. C'est qu'il se savait seul responsable de l'accident de ski. Il avait voulu sauter une bosse que le reste du groupe, conseillé par le moniteur, avait soigneusement évitée. Mais il avait foncé, il s'était retrouvé catapulté plus loin que prévu, non plus dans la neige mais dans la terre, car on était au printemps et la neige se faisait rare. Lorsque nous l'avions rejoint près de son lit d'hôpital, en Suisse, avant le transfert en hélicoptère pour Paris, ses premiers mots avaient été :

– J'ai reçu la plus belle leçon de ma vie.

Depuis, il avait encaissé sans se plaindre, sans impatience. La longue immobilisation, le délicat suivi de ce qui, à son âge, aurait pu déboucher sur une sérieuse malformation, les devoirs apportés à la maison par les copains de classe, un travail avec un professeur particulier qui donnait des cours afin qu'il ne rate pas une année : il s'était complètement remis. Un an plus tard, un an seulement, nouvelle épreuve : son père avait failli mourir d'une maladie respiratoire atypique. Il était venu le voir à Cochin, sans prévenir qui que ce soit, en sortant de l'école. On lui avait dit :

– Tu ne peux pas voir ton papa, il est en réanimation.

Il était rentré à la maison, il n'avait pas dit un mot de toute la journée. Le lendemain matin, il s'était adressé à Françoise :

– Maman, la réanimation, c'est un mot grave, ça veut dire qu'on ré-anime, ça veut dire que papa est très malade. Alors il faut me dire la vérité.

Les enfants voient tout et comprennent tout mieux que les adultes. Lorsque j'avais recouvré ma santé, je lui avais demandé s'il avait craint que je meure. Il m'avait dit :

– J'ai toujours su que tu t'en tirerais.

Ce n'est plus du tout un enfant lorsque son père sombre dans la dépression. Il sort de l'adolescence, il ne va pas laisser cette affaire l'entamer. Il ne lui laisse aucune possibilité de le détourner de sa route. Non seulement il va maîtriser cette nouvelle crise, mais cela ne fera qu'accélérer sa maturation, sa réflexion, la sûreté de son jugement. Bien plus tard, quand nous en parlerons, je comprendrai qu'il a aidé ma femme autant qu'elle l'a aidé, en conversant longuement avec elle, dans des tête-à-tête, pendant que je m'allongeais sur le lit, cogné par les médicaments, en proie à la broyeuse. Et puis il retournait à ses livres et ses papiers. Son objectif :

143

ne succomber en rien, passer le bac au mieux, anticiper la suite, faire ses choix pour une « prépa ». Se comporter en adulte responsable pendant que l'adulte responsable se comportait en enfant égaré.

Aussi bien ce jeune homme se donne-t-il le droit – sinon le devoir – de commander à ce père assis à ses côtés dans le siège du vol pour Miami :

– Ta gueule !

Pendant les dix heures de vol, il n'aura pratiquement pas pu dormir. Il se souvient de ce voyage comme d'un enfer, et comment il lui fallait (sans que son père le sache) rassurer les hôtesses et stewards qui s'interrogeaient sur l'extrême agitation de ce passager :

– Excusez-le, il est malade.

Il lui faudra, à l'arrivée au Miami International Airport, beaucoup de retenue et de politesse de cœur pour ne pas me lancer au visage :

– Eh bien, tu vois, tout s'est bien passé, il n'est rien arrivé !

Puisque, évidemment, l'avion atterrit à l'heure, les bagages sont au rendez-vous et la douane indifférente. Cadeau inattendu : notre fille, Clarisse, étudiante dans l'État de New York, a pu nous rejoindre et m'accueille avec sa mère sur le deck du bateau à notre arrivée à Nassau. Je retrouve son sourire, cette lumière dans les yeux, cette gaieté, son contagieux goût du bonheur. Mais cela ne calme en rien l'appréhension constante que je vais ressentir tout au long de cette croisière dont on espérait qu'elle « me fasse du bien ». Quelle illusion !

23

Je me revois, recroquevillé dans un recoin du *Temptation*, assis à même le pont sur les lattes en teck, comme si je voulais éviter jusqu'au simple spectacle des vagues autour du bateau alors qu'il file vers les îles Exumas. La mer est un peu agitée, certes, mais ça va, le bateau est puissant, rapide, et autant traverser vite pour rejoindre une crique abritée ou une marina paisible. Tout cela est normal. Mais je trouve cela, moi, très anormal et effrayant. Le bruit sec et régulier du claquement de la coque entre les vagues m'annonce un naufrage imminent, l'explosion du bateau, la fin des haricots, la noyade et la mort. J'ai froid, je tremble, l'adjoint du capitaine se penche vers moi :

– *Are you all right, sir ?*

Je secoue la tête :

– Oui, oui, tout va bien. *I am all right.*

À peine osais-je me retourner vers ma famille et mes amis qui, un peu plus loin, à la poupe du bateau, absorbent l'air, le jeu des nuages dans le ciel, les surprises rencontrées le long du parcours, mouettes et albatros, dauphins et poissons volants, minuscules îlots inhabités au sable pur, aux palmiers de carte postale. Ce petit groupe va supporter pendant huit jours la lourdeur du déprimé, son silence, son inappétit, ses essoufflements dès qu'il s'agit de marcher quelque cent mètres afin d'explorer les restes d'une tour abandonnée sur le monticule d'une île verte et rousse. C'est un chemin de croix, je traîne les pieds, le cœur me bat – il est vrai que le Prozac ne prédispose guère à l'effort physique, mais le calvaire n'est pas seulement dû aux effets de l'antidépresseur. C'est que je ne peux, ni ne veux, voir ou apprécier ce qui m'est offert : le bleu, le corail pulvérisé en plages roses, les parfums salés et le bruit du vent, le chant de l'eau sur les flancs du bateau quand on a jeté l'ancre et que, tous moteurs éteints, le repos et le silence accompagnent la fin du jour. Sur la ligne d'horizon, le soleil va disparaître. J'entends la voix fraîche de Clarisse venue de la partie avant :

– Viens, viens voir, on va peut-être voir le rayon vert !

À cette heure de la vie, en cet endroit éloigné de toute pollution, de toute présence humaine autre que la proximité de ceux et celles qu'on aime, à cet instant fragile où la lumière va basculer de l'autre côté de l'hémisphère, je devrais, comme j'ai su le faire autrefois, remercier je ne sais qui pour cette dose de miracles quotidiens, mais je ne verrai pas le

146

rayon vert. Celui-là, comme tant d'autres choses dans la vie, pour le voir, il faut le vouloir. Si tu restes bien concentré sur cette lisière orange, mauve, rouge et blanche qui va se fondre dans l'indigo, le bleu carmin, le bleu noir, si cela t'aveugle un peu et que tu plisses les yeux comme il faut, alors tu peux le voir, le fameux rayon vert. Tu l'avais déjà fait en Californie ou en Sardaigne, ou à Biarritz ou à l'île d'Yeu, ou à Bali, ou à Nice. Tu l'avais déjà rencontrée et épousée, cette seconde du grand bouleversement des choses, quand la nuit s'impose au jour, rite éternel, moment irrépressible de la certitude de notre précarité mais aussi de notre chance, à nous les vivants. Et même si tu ne l'avais pas vu de façon concrète, le rayon vert, tu savais que tu l'avais vu, tu en étais persuadé, c'était de la poésie, c'était une vision de l'existence. Mais ce soir-là, quand les voix t'ont appelé, t'invitant à partager la beauté, tu n'as pas eu une parcelle de désir, rien ne t'a poussé à vite rejoindre le pont supérieur avant pour participer à cette fragile et délicate circonstance, pauvre de toi.

Le point culminant de l'opération Bahamas va avoir lieu au cours du troisième jour. Habile navigateur, le capitaine avait réussi à faire glisser le bateau jusqu'à une sorte de lagon entre deux îlots, au milieu d'une eau particulièrement transparente, turquoise et argent. De chaque côté des deux rives, au sable immaculé, comme drapé de soie jaune, il y avait des boqueteaux d'arbres nains, vert olive. On avait arrêté les moteurs et l'on n'entendait plus qu'un vent fort qui soufflait au-dessus de nous, au ras des dunes surélevées qui nous protégeaient en formant un abri. Malgré la ténacité du vent, on avait l'impression d'être inaccessibles, dissimulés à toute vue, seuls au monde. L'eau, venant du coude de ce bassin naturel en amont, circulait vivement en direction du petit estuaire en aval. Le ciel était pur, tout le monde a plongé. J'ai hésité. Les autres criaient la phrase rituelle que j'ai dû entendre prononcer tant de fois au cours de toutes les baignades de mon enfance, ma jeunesse, ma vie d'adulte, la banale, universelle et heureuse constatation :

– Elle est bonne ! Elle est bonne !

Depuis notre arrivée dans les Exumas, je n'avais pas encore osé me mettre à l'eau. À chaque fois, c'était le même cirque, les mêmes simagrées. Je touchais la surface du bout des pieds, puis je me retirais :

– C'est beaucoup trop froid pour moi.

J'évoquais ma perte de poids, ma fragilité, la présence des antidépresseurs dans mon système, mes muscles disparus. Il m'arrivait par trente degrés à l'ombre de trembler et d'endosser une laine. Je restais figé sur le pont, regardant sans les voir les passagers du *Temptation* goûter au simple plaisir du bain. Mes amis avaient beau m'exhorter à descendre tranquillement par l'échelle, je n'aurais qu'à nager autour de la coque, sans m'éloigner, il ne pourrait rien m'arriver, je n'osais pas. J'entendais des :

– Allez, vas-y !

Je répondais :

– J'ai pas envie.

Résignés et bientôt lassés, ils finissaient par répliquer :

– Bon, bah, écoute, hein, si tu n'en as pas envie...

Et ils laissaient tomber. On pouvait les comprendre : j'étais lourd à supporter. Pour tout dire, ils en avaient marre. Ce jour-là, dans cette espèce de lagon ou de golfe, sous cette lumière chaude et douce, il fallait tout de même faire un geste, ne fût-ce que par politesse pour ceux qui me toléraient depuis le début du voyage. Et puisque tout le monde m'y invitait, puisque tout était beau et attirant, puisque je pouvais voir que les nageurs avaient aisément franchi les quelques longueurs qui les séparaient de la rive pour s'étendre sur le sable chaud et sec, je devais le faire. J'ai plongé. J'ai trouvé l'eau aiguë, glaciale, malfaisante, vicieuse. Et ça m'a saisi, j'ai cru sentir que quelque chose entraînait mes jambes dans une direction contraire.

– Y a un peu de courant, m'a crié quelqu'un avec gaieté.

C'était marrant, un peu de courant, c'était ludique, chouette, une belle sensation n'est-ce pas... mais, moi, je prenais les choses autrement. Au milieu de l'eau, en effet, on sentait un flux qui pouvait vous entraîner un peu plus bas, vous éloignant vite du bateau et de la rive pourtant très proche. Ce n'était rien, en réalité, tout juste un mince courant, il suffisait de trois ou quatre mouvements des bras et des jambes pour s'en détacher et rejoindre le banc de sable. Mais mon corps tout entier, comme mes pensées, était aux prises avec une gigantesque pieuvre, un monstre invisible et puissant qui voulait m'emporter et m'anéantir ! J'allais être entraîné, au-delà, dériver vers le large et boire la tasse, souffrir, ou bien être livré aux requins qui m'attendaient certainement au bout du chenal. J'allais me perdre pour toujours. J'agitais mes membres avec frénésie, ma respiration se faisait brève, je croyais fournir l'effort physique le plus violent de ma vie, je luttais. Cela a duré quelques secondes. Je **me** suis retrouvé sur le sable, le souffle manquant, la poitrine coupée comme par une barre de fer, les jambes éteintes, le cœur qui battait fort, une véritable épave humaine, le rescapé d'une expérience extrême, un miraculé ! Si le ridicule est une façon comme une autre de recouvrer un peu de lucidité sur soi-même, j'aurais dû me juger : affalé, haletant, le nez dans le sable, et en rire, donc en tirer quelque bénéfice. Ce ne fut pas le cas : j'ai pris ça très au sérieux. Les autres m'observaient avec le calme indécent des gens en bonne santé :

– C'est bon, hein ? Elle est bonne, hein ? Elle est géniale, non ?

Pour toute réponse, après avoir réussi à reprendre haleine, j'ai supplié qu'on trouve le moyen de me faire regagner le bateau sans que je sois condamné à me battre seul contre les éléments et cet irrésistible courant glacé qui avait failli m'exterminer. On m'a regardé alors avec une certaine incrédulité, ou de la commisération, ou les deux à la fois. Mais comme ils étaient bien élevés et solidaires et qu'ils m'aimaient, ils se sont retenus de ricaner et ils m'ont encadré dans l'eau, me tenant les uns par les hanches, les autres par les épaules, comme le bébé barboteur auquel on apprend les premiers rudiments de la natation. Ils étaient quatre autour de moi. Je les ai remerciés. Je n'ai plus trempé une seule fois mes pieds dans l'eau pendant le reste du voyage. Je crois bien que je n'ai même plus cédé au simulacre de porter un maillot de bain. Et la beauté des îles n'a plus jamais cessé de m'être insupportable.

Fin de l'opération guérison aux Bahamas.

24

On connaît, dans toute vie, des changements violents et cruels. La plupart du temps, on comprend ce qui vous arrive après seulement que ce fut arrivé.

D'où ça vient, une dépression ? Il y a quelque chose de mystérieux, d'inexplicable, comme un accident physique, chimique, un virus mortel qui s'abat sur vous sans avertissement, et puis il y a de façon plus claire toutes sortes d'explications possibles. Certaines remontent à des circonstances précises et présentes, et d'autres à bien plus loin que le passé immédiat.

Il y avait d'abord l'évidence : bien entendu, l'obstacle que constituait une accession à une présidence qu'une partie de moi avait souhaitée et qu'une autre refusait – la peur de me vêtir des habits du gestionnaire, d'avoir à rendre compte aux petits hommes gris, animés par la philosophie de la *bottom line*, la ligne du bas, celle des résultats financiers –, les accumulations de « business plan à trois ans » suivies d'exigences d'un deuxième « business plan à trois ans » qu'il fallait concocter et présenter – et, bien entendu, cette somme de stress amassé depuis quinze ans à jouer le suave prince des médias que rien ne semblait atteindre mais qui, en réalité, vivait dans le souci de plaire, dans sa soumission au cycle de la gagne permanente. Bien entendu, il y avait tout cela.

Les Anglo-Saxons appellent ça le *burn-out* – vous êtes brûlé, cramé, c'est la dépression d'épuise-ment –, une consommation excessive de vos ressour-ces physiologiques et psychiques. Vos nerfs sont ravagés. Comme l'a écrit le docteur Kiss : « Combien d'hommes et de femmes sont-ils tombés au champ d'honneur du travail qui se veut parfait ? »

On peut appeler ça, aussi, un « raptus ». Vous êtes pris en otage par votre travail, la tension, vos ambi-tions et l'irruption dans la vie d'un élément que vous refusez d'intégrer. Bon. L'événement avait créé la dépression, mais ça ne me suffit pas. Ce serait trop simple, il faut aller plus loin, fouiller dans le passé, dans ce que l'on croit avoir oublié, opacifié, obli-téré. Il faut forer en eau profonde.

Pour rédiger ce récit, j'ai eu la surprise, en relisant l'un de mes derniers carnets de notes, de trouver la phrase suivante : « À mesure que l'année 1998 avance vers son terme, j'alterne de plus en plus sou-vent entre des sauts de dépression courte et des sauts d'euphorie aussi courts. »

Eh bien, voilà ! Un peu moins d'un an plus tard, en septembre 1999, le nuage de la dépression me tombait dessus. C'était donc là, en germe, en instance, ça se préparait, cela allait arriver. La preuve : je l'avais tellement senti venir que je l'avais inscrit sur mon carnet. J'avais écrit le mot. Mais je n'avais rien fait pour l'en empêcher. Le pouvais-je ?

Et puis, il y a ce qui n'était pas évident, les eaux profondes. Ce qui remonte à plus loin, l'héritage que personne ne contrôle, que personne n'analyse, en tout cas pas au moment où ça vous arrive. Comment le petit enfant, ce petit étranger qui fut moi et dont je ne sais presque plus rien aujourd'hui, croyait discerner la trace de l'angoisse sur les épaules de son père.

Quand j'avais décidé d'écrire un roman qui reposait sur les souvenirs de mon enfance, *Le Petit Garçon*, j'avais obtenu le droit de lire un paquet de lettres que mon père avait écrites à son ami intime, le confident de sa vie. Le gendre de cet ami m'avait confié ce tas de secrets qui me permit, devenu adulte, de mieux comprendre la vraie nature de mon père. Dans l'une des lettres, rédigées à bord du paquebot *Île de France*, dans les années trente, alors qu'il rentrait vers l'Europe après avoir mis fin à une liaison avec « une Américaine », mon père racontait sa solitude à son ami et lui confiait : « Dans un coin de ma chambre, guettant son heure, qui est tantôt minuit, tantôt l'aube, je verrai réapparaître, familière, sarcastique et sûre d'elle, avec sa bouche tordue et son regard vitreux, la face empoisonnée de l'Inquiétude. »

Cette phrase ne m'a plus quitté, depuis. Mais je ne l'avais découverte qu'à l'âge adulte, lors de la rédaction de ce roman, dans les années quatre-vingt-dix. Maintenant que je restitue la phrase de mon père telle que je l'avais citée dans ce livre, je découvre qu'il existe un étrange synchronisme qui fait qu'à un quart de siècle de distance, j'avais éprouvé un sentiment identique dans un lieu clos, quasi identique.

J'avais dix-huit ans. Je quittais ma famille pour mon aventure d'étudiant étranger aux États-Unis. À l'époque, pour aller vers New York, on traversait à bord de grands paquebots transatlantiques. Pour moi, il s'était agi du *Queen Mary.* J'étais exalté, plein d'espoir et de curiosité, le cœur battant à l'idée de découvrir une vie nouvelle, un continent inconnu, j'avais coupé tout lien avec ma famille et mes frères. Les journées à bord se passaient en rigolades, poursuites, conversations enflammées et bousculades sur les ponts supérieurs avec trois autres jeunes gens qui partaient, comme moi, pour le grand voyage. Nous étions insouciants, insolents, gonflés de fierté d'avoir été choisis pour, titulaires d'une bourse d'échange, passer une année sur un campus américain. Le monde nous appartenait. La nuit, avant de regagner nos cabines, nous regardions l'océan dont l'immense *Queen Mary* tranchait les larges et sombres vagues et une sensation d'infini passait à travers mon corps. Je rentrais m'affaler sur la couchette et il me fallait un centième de seconde pour m'endormir d'un profond sommeil.

Une nuit, précédant l'arrivée à New York, je n'ai pas pu dormir. Je me suis levé et je me suis vu dans la glace et j'ai eu brutalement la certitude du vide, la révélation d'un néant. Une incompréhensible bouffée d'angoisse sèche et blanche. Une peur m'a saisi. À haute voix, j'ai prononcé ce mot :

– Papa !

Comme si j'allais chercher celui qui était seul capable de définir qui j'étais, et ce que je faisais là, dans cette vie. Cela a duré peu de temps. J'ai fini par m'endormir. Le lendemain matin, dans les brumes du jour qui se levait, j'ai vu apparaître la ligne des gratte-ciel de New York et j'ai laissé derrière moi, imprimée sur la glace de la cabine, « la face empoisonnée de l'Inquiétude », pour aller embrasser la vie, la découverte, l'action qui balaye toute réflexion, le mouvement qui écarte toute interrogation. Et je ne me suis jamais, plus tard, entretenu de cet épisode avec mon père, cette prise de conscience d'un vide et de mon appel à lui et son expérience des choses, sa familiarité avec cette ennemie intime dont mes frères et moi n'arrivions pas à comprendre qu'il la combattait en silence. Moi aussi, sans l'admettre, j'ai combattu cette Inquiétude, cette bête à la couleur de cuivre vert qui vous attend dans la nuit. C'est pour la tuer que j'ai autant bougé, autant fait, écrit, voyagé, dirigé, créé, diversifié, autant pris de risques, autant brûlé d'énergie, autant recherché à être inclus, accepté, admis, autant goûté la reconnaissance et la notoriété.

Papa ! Nous admirions l'héroïsme tranquille dont il fit preuve avec ma mère pendant les années de l'occupation nazie, mais, enfants, nous l'appelions aussi « pessimo », le pessimiste, l'homme qui souriait peu et qui faisait chaque soir le tour de la table, en marchant sans parler, semblant poursuivi par on ne savait quelle préoccupation. Avais-je reçu, dans la distribution génétique, un pourcentage non quantifiable de ses manies, ses yeux bleus et distants qui regardent au-delà de la petite vie quotidienne ?

Mais faudrait-il, aussi, dans cet héritage, compter une part de mélancolie slave ? Qu'est-ce qui fait que les musiques tziganes me touchent, que réverbèrent en moi les violons et que me captivent les chansons, qu'elles fussent fado-portugais, blues, lieder ou country western, pourvu qu'elles expriment une langueur, de la nostalgie, et pourquoi ai-je écrit quand je n'avais pas quinze ans, dans le premier de mes carnets de notes : « Tout ce qui est beau est forcément un peu triste », et pourquoi plus Chopin et

Liszt et Schubert et Schumann se font nocturnes et désespérés, plus je les aime ?

Mélancolie slave, ai-je écrit. Ce n'est peut-être pas un cliché. J'ai reçu du sang polonais de ma mère. Sa vie est un incroyable chemin d'abandons et de ruptures, de fractures. Elle est une orpheline, fruit d'une liaison clandestine entre un noble polonais de Varsovie et une Française, ma grand-mère, que je n'ai jamais connue et qui fit deux enfants à cet homme, un garçon et une fille en l'espace de deux ans. Ma mère, encore un bébé, a été lâchée, avec son frère, par cette femme qui l'a confiée à une de ses amies en Suisse. Et puis, la mère est partie. Où ? Ma propre mère l'ignore. Elle-même ne verra son père qu'une seule fois, sur un bateau, sur le lac de Genève. C'est assez mystérieux, c'est très flou, ça remonte à si loin, et puis maman me raconte ce qu'elle veut bien me raconter. Sans doute sa mémoire fait-elle des impasses, volontaires ou pas. Je n'arrive pas à savoir dans quelles circonstances ce Polonais est venu rendre visite à ses deux enfants naturels. Elle se souvient qu'il avait une barbe. À part cela, j'entends cette autre expression : « Il était grand. »

Pourtant, m'assure-t-elle, son enfance fut heureuse jusqu'à l'âge de dix ans, à Genève. Et puis, nouvelle rupture, nouvelle fracture. Sa vraie mère réapparaît, emmène sa fille et son fils comme des valises qu'on avait laissées sur le quai d'une gare et décide de les livrer à une autre dame, en pension, mais cette fois en France, à Versailles. Nouvelle vie, nouvelle tutrice. Ma mère grandit. La nouvelle « marraine », c'est ainsi qu'elle l'appellera toujours, décide, lorsqu'il a dix-huit ans, d'adopter légalement le garçon et lui donner son propre nom – mais elle n'adopte pas la fille, ma mère. Quand je l'interroge sur cette différence, sur les raisons et la logique de ce choix qui me paraît si injuste, ma mère répond que sa « marraine » lui a dit : « Oh, toi, tu es bien assez mignonne, tu te débrouilleras. »

Autrement dit, tu te trouveras bien un mari. Tandis qu'Henri, mon oncle, que je n'ai pas non plus connu, eh bien, lui, c'était un homme, n'est-ce pas, et la « marraine », à Versailles, dans l'atmosphère de l'époque, voyait en lui un futur héros, il ferait une carrière militaire, il porterait l'uniforme, il ferait Saint-Cyr, casoar et gants blancs. Elle serait fière de ce bel officier, ce fils de substitution. J'ai beau demander si ce nouvel abandon ne l'a pas blessée, ma mère insiste pour dire qu'il n'en est rien. Elle ne veut blâmer personne. Je ne l'ai jamais entendue proférer une critique ou une méchanceté à l'égard de qui que ce soit. À ses yeux, le monde est bon, et chacun a d'excellentes raisons d'avoir fait ce qu'il a fait. Mais je vois bien que sa jeunesse et son enfance ont été une succession d'abandons, de lâchages, de déplacements – comme on disait à la sortie de la Deuxième Guerre mondiale quand on parlait des « personnes déplacées », celles qui n'avaient plus domicile ou identité.

Elle a connu des lits et des chambres sans joie,

des trains et des gares, ces objets et ces lieux qui
engendrent l'angoisse, ces espaces d'attente, d'interrogation. Qu'y a-t-il dans ces wagons qui avan-
cent vers moi ? Qui veut m'emmener où ? Les jardins et les parcs, les dortoirs et les salles de jeux
où elle a passé ses fragments d'enfance ont été
trop éphémères pour devenir familiers et consti-
tuer ces points fixes qui rassurent un enfant. Certes, elle n'a été privée ni de caresses ni de baisers,
puisque l'on dorlote beaucoup les enfants qu'on
se repasse de gouvernante en marraine, comme
des colis fragiles. Mais elle n'a pas connu la tendresse de la femme qui l'avait mise au monde, elle
n'a pas pu emmagasiner dans la mémoire de ses
sens le toucher de la peau, l'odeur d'un sein, le
parfum de la poudre qu'elle portait, peut-être, sur
son cou. L'odeur d'une mère. Elle a eu des man-
ques, comme disent ceux qui se droguent : « Je suis
en manque. » Mais ce manque et ces ruptures ne
l'ont pas détruite.

Elle y a puisé ce que l'on appelle aujourd'hui sa
résilience. Elle a rencontré mon père quand elle
avait vingt ans et lui quarante, il l'a aimée et proté-
gée, elle était autant sa maîtresse, son épouse, que
sa fille – donc, notre sœur. Elle a, dès lors, affiché
un sourire, un courage, une patience, une force de
vie et de survie qui font notre admiration quand
nous allons l'embrasser, immobile sur sa chaise roulante, face à la Méditerranée, seule à nouveau,
puisqu'il est parti avant elle. C'était l'homme de

toute sa vie. Elle a aussi aimé Henri, son frère, le bel officier dont elle apprendra la mort à la fin de la Deuxième Guerre mondiale. Ç'avait été une ultime fracture, un ultime abandon, un ultime coup auquel rien ne vous prépare. Mon père était à ses côtés et je me souviens de ce couple enlacé, ce jour-là, alors qu'on venait de livrer l'information sans précaution et sans manière :

– Magny ? Le commandant ? Il a été tué à Monte-Cassino.

Elle s'était retournée vers mon père, il l'avait enveloppée dans ses bras et ils n'avaient plus bougé, debout dans la glaise et la pluie du stade Sapiac à Montauban. Je ne vois pas la « mélancolie slave » sur son beau visage ni dans ses yeux, je n'y vois que l'endurance et l'amour – mais à y penser, aujourd'hui, je peux m'interroger sur la somme d'angoisses et d'abandons dont elle a été le sujet, et je suis en droit de me demander si cela n'a pas pesé dans l'héritage, pour une part inconnue.

Il y a ce qui n'est pas évident, ce qui ne s'explique pas. Mécanismes mystérieux, insondables lois héréditaires.

25

Le Prozac, cette saloperie, cette catastrophe, n'a rien donné, rien fait d'autre que prolonger un état dont je ne crois pas pouvoir sortir.

Le printemps est arrivé, rien ne bouge. Autour de moi, on trouve que ça va plus mal. J'entends dire que, pour certains individus, ce médicament « miracle », utilisé par des millions de gens dans le monde, a eu des effets tragiques. Aucun antidépresseur ne peut agir de façon égale et positive pour qui que ce soit. Le docteur P. peut toujours me dire : « On va y arriver », je me demande de plus en plus fréquemment s'il y croit encore, et si je ne suis pas devenu, pour lui, un patient à très long terme, une bonne rente. C'est peut-être injuste, rapide et vulgaire, d'envisager ce médecin sous cet angle, mais l'idée me gagne. Depuis le retour des Caraïbes, nous avons changé nos habitudes. Il ne vient plus à mon domicile, je me rends dans son cabinet, situé dans une petite rue qui monte, pas loin du jardin du Luxembourg. Il a insisté :

– Vous êtes capable de vous mouvoir dans Paris. Bougez-vous donc un peu.

C'est au rez-de-chaussée, un étroit bureau où ne pénètre pas la lumière du jour, les volets de la seule fenêtre sont fermés en permanence. Une odeur persistante et rance de tabac flotte et le docteur semble faire un effort pour ne pas fumer devant moi, bien qu'il soit chez lui. Il m'écoute. Je l'écoute. Il m'a recommandé de parler aussi, parallèlement, avec une thérapeute qu'il a dénichée pour moi. « Comment ça se passe avec elle ? »

J'ai déjà rencontré cette femme à plusieurs reprises. Elle est brune, fort maquillée, avec un parfum capiteux qui me dérange tellement que je décide que ça ne va pas marcher, qu'elle ne m'apportera rien, cette dame à la jupe étroite et rouge, et je fais une fixation immédiate à l'encontre de cette spécialiste, pourtant bienveillante, patiente, claire dans ses questions et dans l'affirmation répétée de ma revalorisation possible, certaine même ! – il suffirait que je suive sa méthode. Mais quelque chose ne marche pas. Dès la première séance, je ne vais lui accorder aucun crédit et, malgré la faiblesse de mes pensées, une sorte d'énergie négative m'anime à son égard, une forme de condescendance. Comme si j'estimais que son discours était primaire, qu'il ne m'enseignera rien que je ne sache déjà. Comme si je me disais : « Je suis plus intelligent qu'elle, tout ce qu'elle me dit sur moi, je le sais déjà, j'en ai fait la matière invisible de tous mes livres. » Quand je l'écoute parler de thérapie cognitive, quand elle me confie des petits livres rouges qui expliquent tout cela, et je dois lire ces livres après l'avoir quittée, quand elle me demande, pour les prochaines séances, de dresser une liste de ce que je n'aime pas chez moi, ce que je pourrais corriger, ce que je me crois capable de faire ou ne pas faire – je ne prends pas l'exercice au sérieux. Elle s'en est vite aperçue et m'en a parlé. Je lui ai menti : « Non, non, tout va bien, je vous suis, je vous fais confiance. » Elle a continué, luttant contre le courant. Logiquement, j'aurais dû arrêter, mais j'avais peur de la vexer et de lui dire la vérité : « Ça ne va pas, je ne suis pas plus fait pour vous que vous pour moi. Je ne comprends pas bien ce pouvoir de pensée positive que vous m'expliquez. Ou plutôt, je le refuse, vous me récitez une leçon que je ne peux pas suivre. »

Mais je me dis que, peut-être, la prochaine fois, ça ira mieux. Et puis, je n'ai rien d'autre à faire. Alors, je continue de lui rendre visite. Mais cette méfiance envers la dame au parfum violent et à la jupe rouge approfondit les questions que je me pose au sujet du docteur P. lui-même. Je ne sais plus si je lui fais confiance, mais je n'ai pas la force de le dire. Encore une fois, ma femme va faire bouger les lignes.

– On peut parler, me demande-t-elle un soir.

Cette précaution verbale n'est pas inutile, puisque je suis enfermé dans le silence. Il faut frapper à une porte invisible pour tenter d'y entrer. Sa formule est d'une extrême politesse, d'une extrême sagesse :

– On peut parler ?

– Bien sûr, dis-je.

En réalité, je n'ai besoin que de cela : parler, et qu'elle me parle. Qu'elle continue de m'aider, me dire avec lucidité ce que j'ai besoin d'entendre.

– Ton changement de traitement, dit-elle, n'a rien changé, tu ne vas pas mieux. Tu vas même plus mal. C'est très clair pour moi et pour nous tous.

– Tu as raison, dis-je.

Si l'on considère les visites au docteur P., celles à la dame en jupe rouge et au parfum insupportable, les siestes de l'après-midi, les insomnies de la nuit, les tentatives de donner le change au cours de quelques rencontres, l'inaction quasi totale, l'absence d'initiative, juste les apparences – elle a raison, il est exact que je suis réduit à un état d'inertie que le Prozac n'a pas dissipé.

– C'est très clair, répète-t-elle.

Il est intéressant de noter qu'elle m'a tenu ces propos vingt-quatre heures après son retour d'un court voyage. Celui qui vit aux côtés d'un déprimé, s'il ne déprime pas lui-même peut finir par s'habituer à cet état et sinon s'en accommoder, du moins en devenir le prisonnier consentant, le codétenu inopérant, un gardien résigné. On peut se faire piéger, on peut tomber dans la torpeur de l'atmosphère délétère de la maison du déprimé. Distance et recul permettent de dessiller les yeux. Revenir de quelque part, ailleurs, redécouvrir avec un œil neuf le même visage amaigri, entendre le même ton essoufflé, constater qu'il n'y a aucune modification, saute aux yeux comme aux oreilles : non seulement rien n'a changé, mais c'est pire. Ma femme continue :

– Tu devrais consulter quelqu'un d'autre. Après tout, peut-être ce docteur fait-il fausse route.

– Peut-être, dis-je.

J'hésite. Mes faiblesses resurgissent tout de suite : indécision et mauvaise conscience ! Si je consulte un autre médecin, que vais-je dire à celui qui me traite depuis si longtemps et avec qui, bons ou mauvais jours, j'ai établi comme un rapport, une liaison ? Il va m'en vouloir, je me sentirai coupable. Aurai-je assez d'audace pour le lui annoncer et le quitter ? En même temps, si je ne bouge pas, si je n'ouvre pas une fenêtre, que puis-je attendre de ces journées qui se suivent et se ressemblent ? Françoise balaye mes scrupules. Elle agira vite. On lui a recommandé un autre spécialiste. Il s'est occupé d'une relation commune qui en avait été satisfaite. Je découvre que le rendez-vous est déjà pris. Le jour et l'heure sont arrêtés, demain, dix-huit heures, dans le seizième arrondissement.

– Bon, j'irai, dis-je.

C'est un tournant, l'un des premiers, mais je l'ignorais.

« J'ai perdu mon glabagla. »

Le docteur C. est ferme. Il m'a écouté. Je lui ai tout dit. Au bout d'une heure, j'ai demandé à le revoir pour une autre consultation. Il m'a dit non :

– Je ne vous prendrai pas comme patient, ou plutôt, disons-le comme ceci : je vous déconseille fortement de changer d'interlocuteur. Je vous recommande, au contraire, de continuer à voir mon confrère. Il vous traite et vous suit depuis de très longs mois, il a donc le dossier en main. Si vous venez auprès de moi, il me faudrait beaucoup trop de temps pour...

Il observe un silence.

– Et puis, continue-t-il, la manière dont il conduit son travail avec vous n'appelle aucune critique, ni commentaire de ma part. C'est un homme compétent, je le connais. Je vais lui parler. Vous ne devez avoir aucun scrupule. Ça se fait, ces choses-là, on a l'habitude. Personne n'en prend ombrage.

On dirait que ce propos m'a soulagé – j'avais tellement craint de commettre une sorte d'infidélité, de « tromper » l'homme avec qui s'est construite une relation ni chaleureuse ni complice, mais une relation tout de même – un homme à qui l'on donne de l'argent pour lui confier ses peurs et ses secrets et pour qu'il vous en guérisse. Ce qui me soulage aussi, c'est que le docteur C. confirme ce que m'a dit fréquemment l'autre psychiatre, mais en utilisant un nouveau terme :

– Vous souffrez de ce que l'on appelle une dépression situationnelle.

C'est un inconnu, un homme neuf qui me le dit, et l'expression utilisée est inédite. Je ne l'avais pas entendue formulée ainsi. Le docteur C. m'a inspiré confiance. J'ai cru en son discours alors que j'en avais souvent refusé d'autres. Après une courte pause, il conclut :

— Je crois que si le Prozac ne marche pas, il vaut mieux l'arrêter. Je vais m'en entretenir avec mon confrère. Je lui suggérerai une autre molécule. C'est un antidépresseur des plus anciens, l'un des premiers, et c'est celui-là que j'essayerais et cela, je peux le suggérer, sans interférer dans l'exercice de mon confrère.

À force d'avoir lu les notices des anxiolytiques et des antidépresseurs dont on m'a nourri depuis maintenant ce qui me paraît la durée d'un siècle, à force de m'être plongé dans les dictionnaires et les encyclopédies médicales, j'ai l'impression d'être devenu un véritable connaisseur, un spécialiste. Toute médication m'intéresse, toute pharmacopée. Je demande :

— C'est quoi exactement, ce médicament ?

— Ça s'appelle Anafranil. On s'en est beaucoup servi à une époque et puis on l'a abandonné. Maintenant, on y revient un peu. En tout cas, pour vous, c'est celui que je recommanderais.

Je note le nom. J'ai sorti mon carnet et mon stylo. À la vue de ces objets, le docteur C. ajoute :

— Ne revoyez pas mon confrère avant que je lui aie parlé. Je le ferai dès demain. Appelez-moi dans l'après-midi.

TROISIÈME PARTIE

« Car tu apprendras d'elle. »

26

Un matin, au cours du petit déjeuner, alors que je venais de tremper une tartine de pain dans le thé et que je l'avais portée à ma bouche, j'ai eu cette pensée fulgurante : « Tiens ! Cette confiture a du goût. »

J'ai trempé une seconde fois, mordu une seconde fois dans la tartine, et la fulgurante pensée s'est confirmée : la confiture avait du goût, c'est-à-dire que j'avais retrouvé du goût à la confiture. Du goût à la fraise. Le goût était en train de revenir en moi. Je n'ai pas eu, au même instant, la nouvelle pensée fulgurante qui aurait dû consister en ceci : « C'est donc que tu es en train de guérir. »

Car je n'ai pas compris tout de suite la signification énorme de cet événement gigantesque : la tartine avait du goût ! Et j'avais faim. C'était pourtant bien de cela qu'il s'agissait : ma guérison avait commencé. Mais je ne le savais pas. Je n'avais pas entendu les pattes du petit chat.

Votre guérison est invisible, inaudible. Elle arrive à tout petits pas sur les toutes petites pattes d'un tout petit chat, on ne l'entend pas venir. Mais si on ne l'entend pas, on le perçoit, on le devine, on le renifle. Il est juste derrière vous, sur le plancher, le tapis ou la moquette. Il est minuscule, le chat, et sa robe, lorsqu'elle effleure le fauteuil ou les pieds du canapé, fait comme un bruit de soie qui plie sous le souffle du vent, comme l'ouverture des ailes d'une colombe, cette colombe dont les pattes, elles aussi, selon Nietzsche, annoncent l'arrivée des révolutions.

Si vous avez cru discerner le murmure assourdi des pattes du petit chat, ne l'oubliez pas. Si vous avez retrouvé un semblant de commencement de goût à votre tartine, ne le perdez plus. Ne laissez pas s'envoler la colombe. Il ne tient qu'à vous désormais de saisir le bout ténu, mince, cassable, du fil qui vous relie à la possibilité de la guérison. Aux moindres signes, aux moindres froissements, ne laissez pas s'échapper cette première chance de pouvoir vous en sortir, ce premier signal.

27

Était-ce le mois de mai ? Il faisait un grand soleil dehors.

Les volets du cabinet du docteur P. ne laissaient passer aucun rayon de ce soleil. Il avait, comme toujours, allongé ses jambes, allumé les lampes, nous étions assis face à face, et je lui avais résumé ma rencontre avec son collègue. Il m'avait dit qu'ils s'étaient parlé, en effet, et qu'il lui semblait tout à fait normal que j'aie souhaité consulter une autre psychiatre. Je ne devais éprouver aucun besoin de lui expliquer cette action. L'Anafranil ? Pourquoi pas ? On allait essayer. Il avait pris mon information comme je l'avais vu tout prendre jusqu'ici, avec une sorte de densité, une épaisseur. De l'intérêt aussi, je pense qu'il me trouvait « intéressant ». Puis, nous nous étions entretenus de mon état actuel. Il savait écouter et interroger. Au fond, je n'étais pas mécontent de le retrouver, mais une modification avait eu lieu et il me semblait que le fait de l'avoir

« trompé », d'avoir consulté un autre médecin, me conférait un semblant d'indépendance.

J'étais reparti avec la nouvelle ordonnance et les précautions d'usage : quitter lentement le Prozac pour m'accoutumer à l'Anafranil. Doser, contre-doser, diminuer puis progresser, chanson familière. Je connaissais tellement bien ces désescalades d'un produit et cette montée en puissance d'un autre. Il me semblait que ce transfert allait bousiller un peu plus mon organisme, mais cela ne comptait plus vraiment : le poids, la faim, la mémoire, les muscles, le sexe, le souffle, le sommeil, tout cela était déréglé maintenant, j'avais été par terre si longtemps que je ne savais même plus ce que signifiait se tenir debout. Mais j'abordais l'Anafranil, sinon avec espoir – je ne savais plus très bien ce que signifiait ce mot, « espoir » –, du moins avec une attente. J'attendais quelque chose. En espagnol, attente se dit *esperanza*. L'espoir, ça n'est jamais que cela : attendre.

Il paraît que travailler fatigue. Vaste blague. Ce n'est pas travailler qui m'épuisait mais ne plus entretenir de projets, n'avoir aucun but, n'avoir d'autre occupation que celle de suivre, en leur faisant entièrement confiance, l'action de mes deux amis, Alain M. et Pierre H., pour contribuer à clarifier définitivement ma situation professionnelle. L'épuisement de ne rien faire, ne plus exercer son corps ou son intelligence, ne plus toucher à un stylo, un crayon, du papier, ne voir venir aucune idée, aucun sujet, ne plus s'adonner à cette discipline salutaire et solitaire

que j'avais observée depuis ma première jeunesse :
prendre des notes !

Avoir abandonné le « moleskine » – le légendaire
petit carnet noir de Van Gogh, Matisse ou Heming-
way, sur lequel d'année en année, je notais couleurs
et visages, anecdotes, choses vues, titres de chansons, noms d'hôtels, citations éparpillées allant de
Yourcenar à Picabia, d'Aristote à Bob Dylan, d'Ana-
tole France à Bernanos, de Timon d'Athènes à Colu-
che, de Phil Spector à Grimm. Petit trésor accumulé
depuis toujours, composé de proverbes navajos, kur-
des, de statistiques, d'expressions argotiques relevées dans la rue ou au bistrot, de trivialités remar-
quées dans un magazine, de réflexions au cours
d'un voyage ou d'un reportage, une interview, le
matériau de base pour ce qui, ensuite, deviendrait
un livre ou un article de presse. Avoir abandonné
cela ! J'en possède une demi-douzaine, petits objets
faciles à mettre dans la poche de votre veste (un
écrivain doit toujours avoir des vestes, des chemises,
des pantalons, des blousons, avec beaucoup de
poches, au format suffisant pour abriter le célèbre
« moleskine ») rectangulaires et noirs, couverture
dure assortie d'une bande élastique qui ferme et
protège les pages. Lorsque je feuilletais les plus
anciens, j'y retrouvais les leçons secrètes de mise en
scène données par Jean-Pierre Melville aussi bien
que les formules de nos enfants, relevées à l'âge où
ils posent les questions essentielles et où ils émettent
les « mots d'enfant » empreints du génie de l'inno-

175

cence. Perles précieuses, parfois prémices de ce qu'ils deviendront. J'y avais souvent trouvé les titres de mes films, mes livres, une inspiration pour la phrase clé d'un discours que je prononcerais, remise de décoration ou lancement des programmes de rentrée de la nouvelle saison de RTL. Minuscules volumes noirs qui n'avaient pas de prix.

Ils constituaient mon outil de travail et j'avais lâché l'outil. Puisque j'indique la date après chaque prise de note, j'ai pu vérifier, plus tard, que le « moleskine » n'avait pas été ouvert, n'avait reçu aucune inscription, aucune idée, aucun mot pendant plus d'un an – durée de la dépression. Il n'est pas indifférent de constater que la dernière entrée dans le carnet à la veille de ma maladie, en septembre 1999, est une phrase de Léon Bloy : « Quand une personne qui se croit importante se présente devant vous, demandez-lui d'abord où est sa douleur. »

J'avais posé l'outil. Je ne travaillais plus et cela m'épuisait. On était en mai, et c'est alors que le petit chat s'est avancé vers moi pour me murmurer que j'allais mieux : j'avais trouvé du goût à une tartine. Il y avait trois semaines que le traitement à l'Anafranil s'était substitué à celui du Prozac. Il n'y a pas de hasard.

Je n'ai pas été seul à comprendre que le début du commencement-de-l'amorce-d'un-semblant-d'unetentative-de-l'ébauche-du-balbutiement-d'un-« aller mieux » se pointait à la lumière. Des signes minuscules l'indiquèrent à ceux qui suivaient ma dépression au jour le jour. Un sourire qui n'est plus forcé lorsque je rencontre un ami ou une relation, ou lorsque Françoise reçoit une visite. La voix qui s'éclaircit et perd sa fade tonalité ; un intérêt plus fréquent pour ce que font les autres, leurs jobs, leurs études, leur santé, leur famille. Il m'arrive, à nouveau, depuis quelque temps, de demander : « Comment ça va ? » à tous ceux dont, jusqu'ici, je n'attendais que cette question à mon égard. Le déprimé est fondamentalement un égoïste, autocentré, il ne s'intéresse qu'à sa maladie, il est incapable de se mettre à la place des autres. Il ne connaît plus l'affection. Il est même, d'une certaine façon, amoureux de sa propre dépression. Il ne parle que de lui. S'il se met à parler aux autres, c'est qu'un chemin s'est amorcé.

Autre clignotant : la chaleur du soleil sur votre corps ; vous la sentez lorsque vous marchez le matin dans une ville que vous trouvez moins hostile et moins grise, dont les habitants vous paraissent moins lointains. Le verre de vin que vous achevez sans contrainte. Le journal dont les titres incitent à une lecture que vous aviez crue perdue. Le retour de la tendresse. Un concert au cours duquel, enfin !, vous parvenez à dissiper la confusion dans votre tête et vous concentrer suffisamment pour écouter ce que vous n'arriviez plus à entendre – le piano, si cher pour mon équilibre, cette musique que je trouvais trop forte et envahissante, absurde, et qui reprend sa place dans mon existence. Un sommeil moins troublé, une respiration moins courte, des matins moins humides. Une vue moins brouillée. Les mains qui tremblent moins. La broyeuse qui s'active de moins en moins dans le ventre et dans les reins et qui va finir, peut-être un jour, par s'arrêter.

Jusqu'ici, pour l'instant, c'est plutôt par les « moins » que par les « plus » que se traduit cette lente et fragile remontée à la surface. On est moins agressif, ce qui ne veut pas dire qu'on a cessé de l'être. On est moins indifférent, moins broyé, moins en morceaux, moins persuadé que l'on est victime d'une persécution, un complot, on cède moins à cette tristesse sans larmes, ce sens paralysant de l'angoisse, on se complaît moins dans sa déchéance. Mais pour autant, on n'est pas plus énergique, plus dynamique, plus gai, plus ouvert. On est à la marge. Aller mieux veut simplement dire ne plus aller aussi mal que la veille.

Il est clair – il est même spectaculaire – dans mon cas, que le changement de molécule, le passage du mauvais antidépresseur au bon est en train de jouer un rôle primordial. Et s'il s'agit donc, tout bêtement, d'une amélioration chimique, ceci voudrait dire qu'il suffit d'un produit adéquat pour modifier un tel état et amorcer un virage. Cela voudrait dire que cette maladie n'était qu'un accident physique, chimique, lui aussi ? Cela voudrait dire que, de même qu'une bonne dose d'antibiotiques vous débarrasse d'une grippe, deux cachets d'aspirine réduisent votre mal de tête, et trois cuillers de sirop enrayent votre mal de gorge – de même, le choix judicieux du produit antidépressif qui convient suffit à rétablir l'ordre dans une vie, un corps, un esprit totalement désorganisés...

Je crois, en vérité, que les choses ne sont pas aussi simples. Le tremblement de vie ne s'explique pas de façon seulement chimique et la fin du séisme ne se résume pas au seul mot magique, et à son seul usage : l'Anafranil. D'autant que le séisme n'est pas terminé. De même qu'il y a des « répliques sismiques », après un violent tremblement de terre, qui paralysent les secours et désespèrent les victimes, de même on ne se réveille pas, comme ça, d'une dépression, ça ne s'arrête pas comme ça, pof, tout va bien, on tourne la page. C'est beaucoup plus lent, plus complexe, plus imprévisible, on marche sur de la glace fine.

Mais on marche. Là réside la différence : on est en mouvement. La dépression, c'est une manière de mort, et la vie, comme la pensée, est mouvement.

28

Quand j'écris que les choses ne sont pas aussi simples, je veux dire que, parallèlement au bénéfique travail de l'Anafranil, d'autres éléments étaient, me semble-t-il, imperceptiblement entrés en action, de façon irrégulière, sporadique, invisible.

Je dois tout, ou presque, à l'amour qui m'a été prodigué par ma femme, mes enfants, mon frère aîné et un nombre réduit d'amis intimes. Je dois tout, ou presque, à ce produit, ce médicament. Je dois tout aussi, bien sûr, ou du moins quelque chose, aux médecins, certains plus faillibles que d'autres, qui ont fait leur part du travail. Mais je crois aussi à d'autres ressorts, mystérieux, insondables, dont on ne comprend jamais assez l'importance.

À tort ou à raison, je crois que nous possédons une dose incalculable de ressorts internes, de mécanismes salvateurs. Il y a, au fond de nous, dans les couches sédimentaires de notre identité, une capacité de volonté, un noyau dur de respect de soi, une notion de dignité qui n'est pas éloignée de l'orgueil, la fierté d'être ce que l'on est. Ces réflexes ne sont pas rationnels et je les assimilerais plutôt à des émotions, mais on peut aussi estimer que les émotions fondent notre conscience et notre âme et interviennent à un moment ou un autre sans que nous ayons décidé d'aller les chercher. C'est venu tout seul, du plus profond de notre matrice. C'est la part cachée de notre iceberg, cela commande nos actions sans que nous en ayons raisonnablement décidé.

Ainsi, lorsque je glisse sur le trottoir de la rue de Varenne et que, le muscle de l'épaule sidéré, je suis victime d'une « rupture partielle de la coiffe des rotateurs », le psy me dit : « Si vous êtes tombé, c'est que vous vouliez que cela vous arrive, c'est une conduite d'échec », d'accord – je veux bien –, mais malgré tout, dès le lendemain, muni d'une écharpe en Velcro plastique bleue et lourde et, certes sous différentes pressions et influences, je me suis redressé. L'épaule infiltrée à la cortisone, handicapé et diminué, la tronche bourrée de médicaments, calmants et antidépresseurs, me déplaçant comme une espèce de zombie, je l'ai tout de même fait, le voyage à Luxembourg, j'y ai tout de même figuré ! Cela ne m'a été d'aucune utilité professionnelle – j'avais, par mon propre comportement, signé ma propre perte de pouvoir –, je n'en ai rien retiré, dans ma dépression, que douleur, humiliation, gêne. Mais quelque chose en moi m'a décidé à le faire. Je n'étais pas complètement un sac vide, une loque.

181

Ainsi, lorsque dans l'hôpital où je suis confiné pendant quelques jours afin de subir des tests de mémoire, je découvre sur le sol de ma chambre une merde déposée par l'un des malades mentaux qui habitent le même pavillon où l'on m'a installé, faute de place ailleurs, une réaction de révolte m'a parcouru. Et j'ai cette pensée : « Tu ne vas tout de même pas te laisser avoir, te soumettre à cette dégradation. Fais tes tests, et gicle d'ici, vite fait. » Seul, dans un environnement que je considérais comme totalement hostile, j'ai eu ce réflexe. Le sursaut n'a eu aucune suite. À la sortie de l'hôpital, je n'allais pas mieux qu'en y entrant et j'étais, là encore, si je consulte le calendrier de ma dépression, en plein cœur de ma nuit. Il n'empêche : le sursaut s'était produit. La ressource souterraine avait émis un signal, un appel. Ce n'était pas moi qui l'avais décidé. Ou plutôt, c'était ce moi inconnu qui avait manifesté son existence. Je n'étais pas complètement un déchet en plastique sur un océan pollué, au large des côtes.

Ainsi encore, lorsque contre toute envie et désir de nager, mais poussé à le faire par mes compagnons de voyage aux Bahamas, je plonge dans un mince chenal d'eau vive et me sens pris dans un courant rapide, je suis saisi par la trouille, mais je ne me laisse pas entraîner. À cette date-là, pourtant, je suis dans un état de faiblesse rare. Je n'ai plus de résistance physique, mes muscles ont fondu. Les antidépresseurs ont fini d'achever le travail de sape. Ils

182

m'ont tellement bien « tassé » que je suis aussi cos-
taud qu'un rouleau de barbe à papa. Il n'empêche :
l'instinct autant que la peur, une force résiduelle
qui était là, quelque part, enfouie en moi, me pousse
à lutter contre le courant et je parviens à rejoindre
la rive. J'aurais, en effet, pu crier au secours pour
impliquer les autres, et donc, encore une fois, me
reposer sur eux, ou bien m'abandonner à la tentation de me laisser partir vers le large. Or, j'ai franchi
les malheureux quelques mètres qui me séparaient
de la rive tout seul. Je sais, je sais – ce n'était pas
un très grand exploit et il serait indécent de parler
de courage à l'aune de ce que font tant d'autres
hommes ou femmes dans des circonstances tellement plus terribles et dangereuses. Il n'empêche :
dans ce minuscule moment d'une vie quotidienne,
alors que j'étais, là encore, au milieu de ma nuit,
un feu s'est réveillé. Je n'étais pas complètement une caricature, une chiffe molle, un ersatz
d'homme.

Ainsi encore, pendant que, au cours de mes séances chez la psychothérapeute à la jupe courte et
rouge et au parfum violent, je me rebiffe et m'oppose à ce qu'elle me dit. Lorsque, après plusieurs
rendez-vous, je viens finalement lui expliquer que
non, décidément, ça ne marche pas, cela ne m'apporte rien, je ne peux pas voir dans cette attitude
seulement le refus de me faire soigner ou le rejet
de la personne qui se trouve en face de moi. Elle
m'aura aidé, cette dame, sans aucun doute, à sa

manière, ne fût-ce que par sa douce insistance à me persuader que je n'étais pas nul, qu'il fallait cesser de patauger dans la non-estime de soi. Si j'ai autant opposé une résistance à son discours, à sa méthode, c'était que quelque chose, là encore, venait me dire : « Ça va, tu as compris, tu n'as plus besoin de cela, ce chemin-là, tu peux le faire tout seul. » Je suis pourtant revenu la voir, après lui avoir déclaré que je ne souhaitais plus la consulter. Pour m'excuser, peut-être, par cet esprit de l'escalier qui m'habite souvent, et aussi pour prolonger le dialogue, après l'avoir refusé. Nous avons eu, alors, une longue conversation apaisée, bienfaisante. Drôle de rapports, curieuses rencontres au cours desquelles j'avais fait preuve d'arrogance à l'égard de la jeune praticienne, presque de la morgue. Comme si je m'étais dit : « Je suis plus fin qu'elle, tout cela est trop scolaire et trop premier degré ! » Eh bien précisément, cette arrogance avait sans doute quelque vertu, puisqu'elle démontrait que je possédais, là encore, des ressources, une réactivité, un peu de caractère, un semblant d'analyse indépendante. Je m'étais buté face à la dame. Cela signifiait qu'il me restait une sorte d'énergie, un orgueil bien ou mal placé, peu importe. Je n'étais pas complètement un raté aux neurones brûlés, une loche, un type qui avait eu du talent et une pensée abstraite, autrefois. Je n'étais pas complètement « foutu », comme l'avait généreusement décidé l'un de ceux qui souhaitaient secrètement ma perte.

« Car tu apprendras d'elle. »

Ainsi encore, et pour finir, le tournant du mois de mai : lorsque Françoise me propose de consulter un autre psychiatre. Bien entendu, l'intelligence de sa démarche et de ses observations m'interdit pratiquement de me dérober devant cette initiative. Mais j'ai rencontré des hommes et des femmes qui ont annulé le rendez-vous du salut, qui, à la dernière minute, face à la possibilité d'une solution, ont préféré stagner dans leur malaise. Je ne suis ni contraint ni forcé, mais j'y vais aussi parce qu'un pressentiment me dicte que je dois chercher mon salut ailleurs. Parce que, au fond de nous, il y a cette parcelle d'espoir, une part inconnue de foi en un jour meilleur. Il était dix-neuf heures, les jours rallongent à cette époque de l'année, et une pâle lumière mauve venait mordre sur la partie non ombragée de l'étroite rue en pente, quartier calme, seizième arrondissement vétuste, le long d'immeubles cossus et discrets, et je me revois appuyant sur le bouton de l'interphone du docteur C. C'était une action, un geste, j'essayais quelque chose. Je n'étais pas complètement perdu, inerte, condamné. Je n'étais pas une pierre qui roule, une « rolling stone ». J'étais encore une individualité en train de modifier son propre destin.

Feux clignotants, signaux fugitifs dans la nuit, étincelles éphémères, pareilles à celles qui jaillissent lorsqu'on veut remettre en marche une batterie qui n'a plus de jus.

Parallèlement, ou simultanément, ou presque, à

185

partir de l'instant où l'Anafranil a commencé de produire son effet, d'autres facteurs ont convergé pour amorcer la remontée. L'histoire de ma dépression, comme celle de ma guérison, est composée de synchronismes troublants qui font que, sans avoir communiqué entre eux, des faits, des personnes produisent en même temps le même résultat. On peut toujours attribuer cette conjonction d'événements au hasard. On peut aussi estimer que le hasard n'existe pas. Je crois l'avoir déjà écrit quelques pages plus haut.

29

Les séquences s'enchaînent, les séquences de la guérison.

Jean passe son bac. À chaque retour d'une épreuve, il nous raconte comment cela s'est déroulé, bien, mal, moyen. Il analyse lucidement ses erreurs ou ses faiblesses et pronostique sans outrecuidance un résultat positif. À chaque fois, je me sens plus concerné, plus intéressé, j'écoute enfin quelqu'un d'autre que moi-même. Il m'épate et me transmet son énergie, sa coordination de corps et d'esprit. J'observe la mutation et la maturation que ce jeune homme a vécues au long d'une année qui aurait pu le détruire. Silencieusement, je me reproche de ne l'avoir pas aidé, conseillé, interrogé, mais j'en avais été incapable. Il m'était impossible de suivre ses études, son évolution. Je ne savais plus être un père.

De nous deux, au cours de l'automne, l'hiver et le printemps, c'est lui qui aura affiché une constante résistance, du calme dans l'atmosphère d'un foyer contaminé par le déprimé. Armé de volonté, de sens du travail, persistant dans l'effort, il aura fait sa route, avec sa mère à ses côtés. Lorsqu'il sera reçu avec la mention « bien », son succès et les perspectives qui s'ouvrent à lui m'apporteront fierté et chaleur, un surcroît de retour aux réflexes les plus fondamentaux : il arrive quelque chose de bien à ceux que vous aimez, cela ne peut vous faire que du bien. La vérité de la vie réside dans des choses aussi simples que cela. On n'ose jamais les énoncer, c'est trop évident, elles apparaissent presque choquantes dans leur apparente banalité.

Lorsqu'on me demande :
– Comment avez-vous réussi à en sortir ?
la modestie et l'humilité, autant que l'honnêteté, qui doivent habiter chaque rescapé d'une dépression nerveuse, chaque survivant de la « brisure vers le bas » m'amènent à répondre :
– Il vaudrait mieux formuler la question autrement. Je n'ai pas « réussi » à en sortir. Ce n'est pas une réussite. C'est la fin d'un échec. Mais comme ça n'est pas une vraie réponse, alors, pour sacrifier à mon goût de la formule, je résumerai cela à deux « A ». A comme amour, A comme amitié. J'ai été aimé, j'ai été aidé.
– Ça fait beaucoup de A dans votre réponse.
– On pourrait en livrer plus encore. A comme affection, assistance, acharnement, accompagne-

ment. A, c'est la première lettre de l'alphabet, la plus ouverte des voyelles, l'élément du latin *ad* marquant le but à atteindre – à elle seule, la lettre fait plus de mille pages dans le dictionnaire. Et sans doute plus de quatre mille mots de notre belle langue. Mais amour suffira, puisqu'il détermine les deux autres sentiments : l'amitié et l'aide.

Concordance des choses : dans la période de temps qu'a duré ma dépression, notre fille, Clarisse, qui avait su courageusement, dès l'âge de dix-huit ans, couper le cordon avec sa famille pour entamer des études d'art en Grande-Bretagne, avait été ensuite admise à Bard College aux États-Unis. Son « portfolio » et la luminosité de sa personnalité devaient emporter l'adhésion des responsables de cette université convoitée et cotée. Cette première réussite, intervenue en plein hiver de ma maladie, avait été pour moi un premier facteur de fierté. J'y avais puisé un premier réconfort, une première joie paternelle. Elle avait vite disparu, mais ça avait eu lieu.

Et, voici qu'à la veille de l'été, parallèlement au succès scolaire de son frère, elle nous transmet les résultats sans fautes de son année écoulée – son passage avec félicitations à l'année suivante, avec la perspective assurée d'un diplôme. Elle aura lutté seule, loin de nous, pour se construire son univers, ses amis, sa vie de femme, définir des objectifs et des ambitions. Au téléphone, sa voix résonne avec le même cristal joyeux que celui de son prénom et cette musique donne encore plus de force à mon retour vers le souci des autres. Elle vient s'ajouter à toutes les lueurs que j'entrevois dans ce qui n'est déjà plus la nuit.

Et je sens la vie revenir en moi, bouillonnante, un torrent de montagne, et je me surprends à vouloir embrasser des inconnus au coin des rues, pendant l'arrêt au feu rouge. L'adrénaline coule à flots. Les journées redeviennent courtes, surprenantes, riches d'enseignements.

30

C'est un gros projet, un beau projet.

J'ai rendez-vous, l'un après l'autre, avec le Président de la République, Jacques Chirac, le Premier ministre, Lionel Jospin, le secrétaire général de l'Élysée, Dominique de Villepin, le directeur du cabinet du Premier ministre, Olivier Schrameck. Ces rendez-vous ont été pris sur un espace de plusieurs semaines. J'y vais, muni d'un épais bloc-sténo, plusieurs rames de papier dans une chemise cartonnée, des crayons, des stylos, plusieurs cartouches d'encre de rechange.

J'ai repris le travail. J'ai repris mon outil.

Lorsque les premiers effets de l'Anafranil s'étaient manifestés, les deux personnes qui se préoccupaient de ma santé et s'en parlaient chaque jour – sans que je le sache – ma femme et mon ami Alain – décidèrent qu'il fallait bondir sur l'occasion.

– Il faut lui faire faire quelque chose, dit-elle. Il faudrait qu'il écrive, qu'il publie. Qu'il travaille et qu'il signe.

Alain me prie de venir pour bavarder dans son bureau. Il est, comme toujours, clair et directif.

– Voilà, me dit-il, puisque tu parais aller mieux, tu devrais te remettre à écrire. Un livre ? C'est trop tôt et ce serait trop long. Mais un « papier », oui. D'abord, parce que tu reviendrais à ton métier de base, à ta vocation première, tes sources, tes racines, ce que tu as toujours su et aimé faire : du journalisme. Mais pas n'importe lequel, tu voudras y mettre cette dimension littéraire à laquelle tu tiens. Et tu pourras aussi démontrer à tout le « métier » qui te croit fini, jeté aux oubliettes, que tu es toujours capable. Surtout, tu te le prouveras à toi-même.

– Tu as sans doute raison, dis-je, mais je n'ai aucune idée. Bien sûr, il faut faire quelque chose, mais il faut que ce soit différent, il faut trouver un angle, il faut que ça marque et que cela me marque.

– J'ai peut-être une idée pour toi, dit-il. Un portrait croisé : les deux hommes qui se ressemblent le moins au monde, les deux personnages les plus contraires de la République et qui pourtant occupent la même fonction et sont amenés à se fréquenter régulièrement, les agents de la « cohabitation ». Schrameck à Matignon, Villepin à l'Élysée. Personne n'a fait ça jusqu'ici. C'est pourtant étonnant à observer. C'est le jour et la nuit. Voilà deux personnalités que tout oppose, sauf le devoir républicain : c'est-à-dire assurer, vaille que vaille, que la cohabitation fonctionne.

L'idée me plaît. Mais je m'interroge : accepteront-ils de me voir, auront-ils le temps et l'envie de se livrer ? Et si je décide de procéder à une véritable enquête, à fouiller leur caractère, comme j'aime le faire, de façon complète et originale, alors il faudra aussi que je rencontre leurs patrons, ceux qui dirigent la France, le Président et le Premier ministre. Il faut donc que je les appelle, que j'obtienne des rendez-vous pour expliquer mes intentions, ça ne se fait pas par téléphone, ces choses-là. Je dois bouger, agir, trouver la force d'accomplir tous ces gestes. Convaincre et séduire. Cela m'oblige à sortir de moi, à manœuvrer, à amorcer un dialogue avec des gens qui me connaissent, certes – ils m'ont vu diriger RTL, je les ai reçus pendant les campagnes électorales, ils ont peut-être lu mes ouvrages –, mais qui sont astreints à des emplois du temps chargés et se méfient de toute entreprise journalistique qui ne ressorte pas de la simple « communication » traditionnelle et au cours de laquelle le subjectif et le confidentiel joueront leur part. Bref, il y a du boulot et je m'y attelle et, à mon grand étonnement, ça marche.

On répond à mes appels, on me reçoit, on m'écoute, je découvre avec surprise que je ne suis pas une quantité négligeable et que le projet, tel que je l'expose, éveille la curiosité. L'accord du premier contacté entraîne celui du second, d'autant plus que Dominique de Villepin a pour moi des sentiments amicaux, tandis que je n'avais jamais rencontré Olivier Schrameck. Quant au chef de l'État et au Premier ministre, je les verrai un peu plus tard, une fois l'enquête bien amorcée.

D'emblée, ce qui me semble bizarre, ils ont tous accédé à ma demande. Cela me semble bizarre parce que je suis encore en état de basse estime de moi, de doute – mais ils ne me voient pas ainsi. Et ce qui m'apparaît comme surprenant, que l'on puisse m'écouter et me recevoir, moi le nul, le déprimé, ne l'est pas pour eux. La seule question que l'on me pose est :

– C'est pour quel journal, votre histoire ?

Je réponds :

– Je l'ignore encore. Je vous demande votre discrétion. Une fois que j'aurai tout écrit, je proposerai mon texte à un grand quotidien. Naturellement, comme je l'ai toujours fait, et comme on me l'a appris dans les cours de journalisme aux USA, et comme j'ai toujours essayé de le transmettre à ceux que j'ai dirigés, je vous soumettrai tout ce que vous m'avez dit entre guillemets, vos déclarations ou vos confidences – pour le reste, je vous prie de me faire confiance.

À l'un des quatre hommes – celui que je connais le mieux – j'ai quand même eu la candeur ou la faiblesse de confesser pourquoi je cherchais à réussir ce portrait croisé :

– J'en ai besoin. C'est une manière pour moi de sortir de ma maladie.

Villepin savait ce qui m'était arrivé. Il n'avait pas beaucoup hésité, mais Olivier Schrameck était-il au

194

courant de la « dépression de Labro » qui avait fait jaser les ruelles du petit village médiatique et parisien ? L'influent et secret directeur du cabinet du Premier ministre est informé de tout, ou presque. Il ne m'en a pas soufflé mot. Son approbation avait d'autres raisons :

– Je ne me suis jamais adonné, jusqu'ici, à cet exercice, puisque j'ai toujours observé le plus grand mutisme sur mon métier et sur moi-même. Mais j'accepte, parce que c'est vous qui me le demandez. Je sais qui vous êtes.

Les rendez-vous s'échelonneront sur de nombreuses semaines. Je reverrai plusieurs fois les deux hommes, puis leurs patrons respectifs. Je verrai aussi dix ou douze membres de leur entourage familier ou professionnel. Je consulterai les archives, coupures de presse, discours. J'enquêterai auprès de leurs ennemis, leurs rivaux, les anciens condisciples de Sciences-Po ou de l'ÉNA. Je ferai la part des « on-dit », des anecdotes, des éloges et des critiques. Je mettrai mes facultés d'observation en action, ma prédilection à toujours scruter les yeux, les visages, les jeux de main, les sourires, le langage du corps de mes quatre interlocuteurs.

Au fur et à mesure, ces travaux revalorisent ce « moi » que j'avais cru détruit. Lorsque, face à Schrameck, Villepin, puis plus tard, Chirac ou Jospin, j'interroge et je prends des notes – avec la méthode que j'ai mise au point depuis quarante ans : mi-sténo, mi-abréviations – et, devant la vitesse du débit de mes interlocuteurs, penché sur le papier car j'ai refusé d'utiliser le magnétophone qui aurait, je l'ai craint, mis une barrière entre nous, la confiance surgit en moi-même. Je sens et je sais que je suis en train d'accumuler de l'excellent matériau. Je vois bien que Villepin comme Schrameck se sont pris au jeu de ce portrait croisé et de mes questions. Le sérieux d'écolier avec lequel je me présente devant eux, bloc-notes en main, pour revenir sur certaines réponses faites au cours de la session précédente, et qui ne me satisfont pas, pour chercher un éclaircissement, un approfondissement, ajoute du crédit à mon entreprise. Pendant toute l'enquête, dont la confidentialité me donne parfois la sensation de préparer un « coup », une petite jubilation intérieure s'amorce, celle d'amasser des éléments inédits, et lorsque, à force d'entrer et sortir de l'Élysée et Matignon, ça commence à se savoir dans le milieu du journalisme politique français (« Mais qu'est-ce qu'il fait exactement avec Schrameck et Villepin ? »), j'enregistre en mon for intérieur les vibrations d'une identité retrouvée. C'est une catharsis, une cure, un bain régénérateur. Le doute, compagnon diabolique de l'inquiétude, le doute qui déclenche l'inquiétude, se dissipe. Je le contrôle et le domine. Les certitudes reviennent : vas-y, avance, tu sais faire. Et tu aimes faire.

Il me faudra trois bons mois pour interviewer, classer, trier, mettre en ordre, trouver la perspective et les mots, les formules, vérifier aux sources, contre-vérifier entretiens et contre-entretiens, et rédiger ce long portrait croisé qui paraîtra en septembre, sur une double page du *Monde,* avec un appel à la une.

Le « papier », intitulé « Le Hussard et l'Horloger », fera du bruit et me vaudra toutes sortes de compliments de la part des confrères, des lecteurs et des intéressés eux-mêmes. J'aurai l'impression d'avoir remporté une première victoire. Le fait d'avoir été publié dans le journal de référence par excellence, *Le Monde,* ne fera que renforcer mes certitudes.

Mais, je ne sais pourquoi, ce fut bien plus pendant l'enquête elle-même, pendant mes rencontres secrètes, mon regard vers ces hommes de pouvoir à la fois contradictoires et semblables, pendant l'exercice de tenir la plume et furieusement retranscrire sur les blocs-sténo à spirales ce qu'ils me disaient – ce fut pendant le travail sur le terrain, le retour au terrain, que j'ai éprouvé la plus forte émotion, la plus élémentaire satisfaction. Je redécouvrais le goût du contact humain ; le goût de la curiosité ; le goût de l'effort ; de l'interrogation ; la recherche ; le goût de décrypter les autres ; le goût de comprendre et apprendre. Je me donnais entièrement à cette tâche, veillant à ne rater aucun des sourires de Schrameck, des éclats dans les yeux de Villepin, de la componction doucereuse dans la voix de Jospin, du martèlement quasi mécanique dans celle de Chirac. J'étais tellement arc-bouté sur mon bloc de papier, tendu, soucieux de ne rien laisser passer de ce que me révélaient, sans qu'ils le sachent, les propos et les comportements de ces hommes pourtant si gardés, si protégés – j'étais tellement noué que je ressortais de mes séances le dos cassé, les chevilles durcies, les doigts tachés d'encre, la faim au ventre, mais satisfait, mais plein d'espoir. J'avais retrouvé le sens de la chasse à la vérité, le goût du travail, de la même façon qu'un matin j'avais redécouvert le goût de la tartine.

Jouir à nouveau du goût du travail, de la chose à faire et de l'amour de faire cette chose, conduit inévitablement un homme ou une femme à un regain de l'estime de soi. Il faut se répéter cette petite comptine : chanter, seriner dans sa tête qu'on aime ce que l'on fait et qu'on fait ce que l'on aime. « Tout est dans le mental », déclarent à satiété les sportifs de haut, moyen ou petit niveau. Certes, mais « tout » est aussi dans les jambes et le ventre, la main et les poumons. Tout est lié. Le chef indien Seattle l'a dit, il y a cent ans, de façon limpide : *« All things are connected. »* Toutes choses sont reliées. De même, toute chose appelle son contraire. Et quand les choses déconnectent, ça déconne. Si le corps ne répond pas, c'est que le mental dérape. Et si le mental vous échappe, alors le corps part en lambeaux. Je ne vois pas de séparation entre l'un et l'autre. La dépression m'a rappelé, parmi d'autres leçons, cette notion élémentaire que j'avais enregistrée à l'âge de dix-huit ans, dans les forêts du sud-ouest de l'État du Colorado.

L'estime de soi revenait au même rythme que le reste : lent, très lent, mais sûr, très sûr. Elle s'accompagnait d'un vibrant retour à l'affection, l'amour, la tendresse, les rires retrouvés entre Françoise, Jean et moi. Au bout du fil, dans son collège, Clarisse en riait, elle aussi, de bonheur.

Un soir, monté sur un escabeau dans la salle à manger aux murs garnis d'étagères bourrées de livres, j'ai extrait des rayons quelques-uns de mes propres ouvrages, je me suis assis sur le plancher et je les ai feuilletés, relisant un chapitre par-ci, un passage par-là. Si, comme à chaque fois que l'on se soumet au périlleux mais roboratif test d'une nouvelle lecture de ses anciens écrits, on a tendance à ne repérer que les lourdeurs, lacunes, facilités, limites et maladresses, on peut aussi mesurer que ce que l'on avait écrit ne manquait pas de vie, d'énergie, d'imagination ou de style – je n'oserais dire de « talent », sauf à utiliser ce mot dans son sens d'autrefois : « Disposition naturelle ou acquise pour réussir quelque chose. »

Les personnages de mes romans se succédaient, les images, les scènes. Je les découvrais, comme si ça n'était pas moi qui avais écrit ces romans ou ces récits, mais très vite, j'avais saisi que c'était bien moi et que j'étais en train de retrouver ce moi et me débarrasser de l'autre moi, cet étranger que ne reconnaissait pas sa famille et qui avait failli se détruire et détruire sa maison. Alors je me suis levé et j'ai refait, sans traîner les pieds, cette fois, sans glisser lamentablement sur la moquette comme le vieillard désespéré des dix mois précédents, le parcours du couloir aux parois constellées des encadrements des photos souvenirs.

Galerie personnelle, intime, de nos vies communes, les enfants, les amis, les voyages, les tournages de films, les anniversaires. Défilé, aussi, des visages disparus des maîtres, les influences, ceux à qui je dois. Exposition en couleurs ou en noir et blanc des transformations des êtres chéris, petites créatures délicates et souriantes devenant au fil des années, le long du couloir, des adolescents légèrement brumeux, puis de jeunes adultes en train de réaliser leurs promesses. Et la beauté inchangée de ma femme. Et le visage de ma mère, où je ne retrouvais plus la « mélancolie slave », et de mon père dont je ne retenais plus le « pessimisme » – je ne contemplais, cette fois, que ce que j'avais vu en eux, lorsque, longtemps auparavant, ils nous avaient donné l'exemple de ceux que les juifs appellent les « Justes ». Et, par l'intermédiaire de ces instants choisis et fixés pour toujours, et de ces visages, je pouvais faire le compte de mes chances.

J'étais seul dans ce couloir. Il était minuit. J'avais ouvert les fenêtres, plus tôt dans la soirée, pour laisser pénétrer un peu d'air enfin frais après une journée caniculaire. Un fin parfum de jasmin, venu des grilles fixées au balcon, une rumeur imperceptible montant de l'impasse, dîneurs retardataires ayant profité de la terrasse du restaurant non loin de nos fenêtres, quelques rires de femmes, et le petit cliquetis des couverts que l'on débarrasse, et le bruit soudain et strident du pot d'échappement d'un deux-roues qui réveillera, à lui seul, trois quartiers de Paris – j'ai traversé le couloir en sens inverse pour attraper ce moment de paix, comme le personnage de Salinger rêvait d'attraper les cœurs qui passaient au milieu de son champ de seigle. C'était une belle nuit d'été et j'ai inspiré fort à plusieurs reprises et j'ai regardé le bleu-noir au-dessus des toits et, toutes choses, à nouveau, m'ont paru simples et en ordre.

J'étais tombé. Je me relevais.

31

Un poème populaire japonais dit :

> « Telle est la vie
> Tomber sept fois
> Et se relever huit. »

Je l'ai lu sous cette forme, c'est-à-dire celle d'un haïku, il y a de longues années, à peu près dix ans avant ma dépression. Je l'avais noté dans mon carnet et m'étais déjà interrogé à l'époque sur la beauté lapidaire, la vérité de ces trois petites lignes.

Certes, il ne s'agit jamais que d'une formule, et si l'on veut réfléchir à sa vie, on peut compter que l'on est tombé bien plus souvent que sept fois et que l'on s'est relevé, de la même manière, bien plus que huit. On peut même dire que l'on tombe tous les jours. « Tout s'apprend, même tomber », disait l'empereur Guillaume II. Mais s'il faut, pour respecter ce joli poème japonais, se limiter et donc choisir sept à huit exemples, alors je n'éprouverai pas beaucoup de difficultés pour dresser la liste de mes chutes et celle de mes rebonds. Ce ne sont pas forcément les chutes les plus importantes ou les plus cruelles. Elles ont surgi sous mon stylo alors que je remontais le temps, et je sais que je ne les ai pas vraiment choisies de façon logique. La mémoire, par son mystérieux travail, en a éliminé certaines pour en retenir d'autres, sans raison apparente. L'humour est venu s'additionner à ces flashes-back.

J'ai six ans, peut-être moins. Je revois clairement un chemin de gravier, légèrement raviné, en pente, sur le côté du jardin, à gauche des peupliers, dans la villa de mon enfance. Il mène à la vallée du Tescou. Mes parents, accompagnés de mes deux frères aînés, descendent le sentier à vive allure, et je me trouve derrière le groupe, à plusieurs mètres. Je suis parti de la villa en retard, je cours pour les rattraper. Je crie :

– Attendez-moi, attendez-moi !

Personne ne se retourne, j'accélère mon rythme, je bute contre une motte de terre dure et je tombe le nez dans la caillasse. Je saigne un peu. Je pleure beaucoup. Suis-je tombé pour « de vrai » ou pour retenir l'attention de ma mère, car je crie :

– Maman, maman !

Suis-je tombé pour que les deux garçons, mes frères, et l'adulte, mon père, m'accordent enfin l'intérêt que je n'obtiens pas d'eux, et pour lequel je ne cesse de m'agiter, de jouer la comédie, me déguiser, disparaître afin qu'on me retrouve, inventer des maladies, mentir, raconter des fables ? En tombant, j'ai ressenti des piques de douleur dans les jambes, mais qui n'ont rien de comparable à cette permanente blessure que je crois ouverte dans mon cœur d'enfant : on ne s'occupe pas assez de moi. En réalité, je ne cesse de trébucher, chuter. Je me suis ouvert le poignet sur un clou dépassant d'une planche dans le grenier à foin d'une ferme (six points de suture) et j'ai avalé une de ces épingles fines avec une petite boule en leur bout. Deux jours d'hôpital. Dans ma chance, j'ai avalé la boule par le bon bout. Si j'avais avalé avec la pointe en premier, cela aurait percé la trachée ou l'estomac. Mais quel brillant résultat : obligé de manger du coton trempé dans du lait afin que cette matière entoure l'aiguille jusqu'à ce que la pointe, ainsi neutralisée, descende le long du tube digestif et que je puisse l'évacuer de façon naturelle et avec l'aide de quelques laxatifs – le tout suivi sur une radio par des hommes en blanc et mon père concerné et ma mère avec lui ! Tous deux enfin occupés à ne veiller que sur moi qui, tant que l'aiguille n'est pas ressortie, n'ai pas osé prononcer un mot, tellement j'étais terrorisé, tout en jouissant du pouvoir temporaire que j'exerçais sur les adultes.

Tombé, crié, écorché, personne n'a réagi. Ils ont continué leur route vers la vallée, vers le Tescou, mince rivière aux eaux bordées de sauges et de joncs. Mes pleurs n'étaient pas assez forts pour atteindre leurs oreilles et se perdaient dans le vent venu des coteaux avoisinants, je n'existais pas. Alors je me suis relevé, essuyant la terre et le sang autour du nez et de la mâchoire et je les ai rejoints et peut-être ai-je décidé, ce jour-là, que je ne tomberais plus jamais « exprès » et qu'il faudrait peut-être cesser d'avoir recours aux larmes pour affirmer son existence.

Une autre chute, à l'âge de quatorze ans. Elle me revient tout aussi précisément au milieu des images et des souvenirs qui se bousculent.

Ce n'est pas une chute physique mais la soudaine prise de conscience que je suis en train de me gâcher et de verser dans la médiocrité. Que je ne vaux pas grand-chose. Ça m'est arrivé alors que j'étais assis à l'arrière de la voiture, la Peugeot dite « Familiale », conduite par mon père. Je me trouvais à cet instant de l'âge de la puberté, la petite adolescence, quand rien ne va, quand l'acné, l'indolence, la confusion des sentiments, le désarroi du sexe, le manque d'énergie, qui contrebalance des jaillissements irraisonnés de révolte vide, se conjuguent avec l'ennui des heures de classe, la solitude, le besoin d'amitié, l'absence de projet. J'ai été récemment renvoyé du lycée pour avoir copié sur mon voisin pendant l'interro de mathématiques, matière que je déteste. En ces temps-là, se faire renvoyer pour quarante-huit heures, c'est une punition qui fait honte, une tache écarlate, une sanction qui vous sépare du reste des élèves. Quand on retrouve la classe après les deux jours de renvoi, on se croit porteur d'une maladie contagieuse. Les autres s'écartent de vous. J'accumule les colles, les petites notes perfides des professeurs sur les bulletins trimestriels, j'évolue dans une brume de mécontentement, une fuite vers l'insignifiance.

Alors que la voiture amorce un virage dans le faubourg Lacapelle à Montauban – nous y sommes revenus pour les vacances, notre premier retour dans ma ville natale depuis que, deux ans plus tôt, nous étions « montés à Paris » –, j'ai la révélation que je suis en train de chuter, que je suis en danger. Personne ne me l'a dit, aucune remarque particulière n'a été prononcée à l'intérieur du gros véhicule qui nous promène à travers ce qui était à l'époque une petite ville de province, enclavée, dont je mesure soudain l'étroitesse et la trop lourde tranquillité. Un voix intérieure me dit : « Tu ne vas pas rater ta vie, passer à côté d'elle. »

J'avais été un brillant petit garçon, écrivant des contes, lecteur assidu des livres que me conseillait mon père, récitant devant le cercle de famille les poèmes suggérés par ma mère, racontant des histoires extravagantes sorties d'une imagination qui séduisait professeurs et parents. L'âge ingrat est arrivé pour effacer cette grâce. La sensation de faillite et de perte d'équilibre, alors que je suis assis à l'arrière du gros véhicule a été puissante, presque fulgurante. Ça m'a fait peur, ça m'a secoué, je me suis redressé sur le siège. Quelque temps plus tard, je reprenais goût aux rédactions de français, je m'intéressais au théâtre, je m'ouvrais à la culture, j'étais initié à la musique et au piano par un ami que je venais enfin de me trouver. J'étais tombé. Je me relevais.

La double rechute du double échec au premier bac. Ce point de passage indispensable, l'examen majeur, porte ouverte ou fermée à d'autres études et à un avenir. Ce moment qui hante les nuits de tous les lycéens et dont il arrive encore à ceux et celles qui ont connu ces deux bacs, si difficiles, qu'ils fassent, de longues années plus tard, le cauchemar de l'avoir « raté ».

Je suis recalé à la session de juillet, et puis à celle de rattrapage en septembre, et pour la même épreuve, et pour les mêmes deux points en moins, et pour le même oral de grec, et à chaque fois, j'ai eu le malheur de plancher devant le même examinateur, un redoutable petit homme gros à binocles, terreur des bacheliers, M. Garagoulos. Je répète à qui veut l'entendre :

— Il ne m'aime pas. Il voulait que je me casse la gueule. Il m'avait repéré. C'est un salaud.

Dans la cour du collège où se déroulent les épreuves, je suis saisi par la perspective que je vais « redoubler », funeste formule et fatal destin. Je vais donc voir partir vers leur deuxième bac tous mes amis dont je serai séparé. Coupure de génération. Ils continueront leur chemin tandis qu'il me faudra revenir dans les mêmes salles avec les mêmes profs, on m'assignera certainement la place du redoublant, le petit banc maudit à droite de la porte, l'endroit des pestiférés. Et je regarderai les nouveaux, un an de moins que moi, et je me dirai : « Je ne suis pas des leurs. »

De toute crise naît une chance. Si je n'avais pas ainsi redoublé, je n'aurais pas, l'année suivante, en classe de philo, vu débarquer deux adultes qui proposaient une candidature à une bourse d'études aux États-Unis. Ce fut la seule année où un reliquat de cette prestigieuse bourse d'échange Fullbright était offert à des élèves du secondaire, et non à des étudiants déjà en faculté. J'ai levé la main. J'ai rempli des papiers. J'ai été accepté. Je suis parti pour l'Amérique. Ma vie a changé. J'étais tombé, je m'étais relevé.

L'Amérique, maintenant. Combien de chutes là-bas !

Combien d'erreurs et de gaffes, de faux pas, de transgressions, de dangers, combien de pièges et de trappes ! À chaque coup reçu – chagrins d'amour, humiliations, combats pour m'adapter et me faire admettre –, je me relevais sans aide, la France était loin, loin – et le cordon familial avait été coupé. J'ai raconté cette jeunesse, mes dix-huit-vingt ans dans un roman où j'ai embelli, magnifié, transformé, ce qui fut, certes, exaltant, mais aussi un parcours solitaire, parsemé d'incertitudes et de peurs quotidiennes. Il y a ce que l'on sublime en tant que romancier, trente ans plus tard, et il y a la vérité vécue à l'instant, les fautes de carre. La nostalgie dore la parure. La vérité, pas celle du romancier, mais le vécu réel, le « au jour le jour », c'est moins glorieux, moins romanesque, mais plus proche de ce que l'on est.

La Chevrolet de Mickey que je défonce dans le parapet d'un pont parce que la chaussée était glissante, mais surtout parce que je n'avais jamais encore conduit de voiture et que j'avais menti pour l'emprunter. Il faudra que je travaille le soir, pendant un an, dans la cantine de la « coop », pour gagner de quoi rembourser les dégâts. Cette dette va hanter toute ma deuxième année de collège. Le vol d'un billet de vingt dollars. Je n'avais plus un *cent* devant moi, j'ai vu le billet dépasser du portefeuille d'un copain, sur la commode. C'était mon voisin de chambre, chez l'habitant, en ville. Il s'aperçoit très vite de la disparition des dollars, dans l'heure, et je n'ai même pas eu le temps de dépenser l'argent. Je le lui restitue, mais il m'explique qu'il est obligé de rapporter l'incident à ses camarades, cela fait partie des règles du campus, et me voilà contraint de me confesser devant un tribunal d'étudiants, le Conseil des Fraternités : la chute.

Je raconte l'enchaînement de mes ennuis, la voiture abîmée, la dette. Le président du conseil, après délibération, me déclare :

– Si nous avons bien compris tes explications, tu n'as pas de quoi joindre les deux bouts. Nous avons pris la décision qui nous semble la plus juste. On t'invite en permanence à déjeuner et à dîner dans nos « maisons ». Tu changeras ainsi de « fraternité » toutes les trois semaines, et tu n'auras plus un seul problème pour te nourrir. Tu seras le *house guest* permanent et tu passeras de maison en maison. Les professeurs n'en sauront rien. Cette décision est exclusive à notre gouvernement d'étudiants.

Le campus comptait dix-sept « maisons », dix-sept « fraternités ». Grâce à la décision du conseil et à son « pardon », j'ai alors pu connaître tous les membres du corps étudiant, vivre et comprendre les différences entre chaque « maison ». Celles des Sudistes, celles des Nordistes, celles des garçons de l'Est et celles des types du Middlewest, celles à majorité texane ou géorgienne, celles à majorité d'athlètes, celles qui réunissaient les intellos, les têtes d'œuf. Celles à dominante élitaire, celles populistes, celles où régnaient les homosexuels, celles des buveurs de bière. J'ai traversé toutes les couches de cette microsociété, absorbant leur particularité et comprenant aussi ce qui les réunissait dans le même confor-

210

misme, la même vision de l'*american way of life,* les mêmes valeurs et repères. Et ils m'avaient accepté enfin, et j'avais effacé la faute. J'étais tombé. Je m'étais relevé.

Paris. Milieu des années soixante-dix. Le divorce, l'impasse conjugale et au milieu de ce chaos intime, un film raté, bancal et lourdingue, un semi-échec au box-office. Je découvre une sensation de broyeuse dans le ventre (déjà !) et je me débats dans les déchirements et les culpabilités partagés. Je ne parviens pas à maîtriser tous les épisodes du divorce, ses conséquences, la quotidienneté des blessures réciproques. En outre, je ne sais plus quoi filmer. Je suis à court d'idées et de projets. À sec, sans emploi, sans contrat, sans équilibre. Le doute s'est infiltré, gagnant une partie de ma personne.

— Tu ne trouveras aucun producteur sur la place de Paris pour te faire crédit, me dit-on.

Au détour de la rue Bayard, je croise Jean Farran, le grand patron de l'époque à RTL.

— Vous avez l'air dévasté, mon vieux. Montez donc avec moi dans mon bureau.

Je me sens en confiance et lui raconte sans fioritures la passe difficile que je traverse. Mes impressions d'errance, d'égarement. Il n'hésite pas.

— J'ai connu ça. Revenez au journalisme. Laissez tomber le cinéma et venez chez nous. Je vous

engage. Je vous propose une chronique quotidienne, le matin, avec un contrat. Vous avez un nom,
ne vous dépréciez pas. Vous avez une signature, nous
la mettrons en valeur.

Je bondis sur son offre. Elle me permettra de
redresser la tête. Retour au métier originel. Peu à
peu, je vais tout reconstruire – réécrire parallèlement des livres, prendre un congé pour faire un
film et, surtout, me reconsolider après ce double
incendie : le divorce et les dégâts professionnels.

Dix ans plus tard, je me verrai offrir la position
qu'occupait Farran lorsqu'il découvrit ma détresse
et me tendit sa main généreuse. Entre-temps, j'avais
rencontré Françoise et le grand tournant de ma vie
s'était amorcé. Tombé, relevé.

D'où vient qu'à chaque crise, chaque chute, chaque fracture, un recours surgisse, une solution, une
réponse ? Faut-il tomber pour mieux se redresser et
changer de vitesse ? Apprendre par l'échec, l'erreur,
l'épreuve et en tirer profit ? « Efface et continue »,
disait un rescapé des années de guerre. Quel sens
devais-je donner à cette ligne en zig et en zag, ces
sauts et sursauts ? La réponse était évidente : toute
vie ressemble à ça, il n'y a rien d'exceptionnel dans
ce que je viens d'évoquer.

Mais on ne voit jamais bien les gens. On croit les
voir. On croit voir un enchaînement enchanteur de

réussites et de performances. Sur le papier, quel C.V., quel palmarès ! Dans la réalité, allons, un peu de lucidité, d'humour et de réalisme : quels balbutiements, quels tâtonnements, quelles insatisfactions et quels efforts pour se remettre debout ! Mais alors, aussi, quelle vigueur cela vous a réinjectée à chaque fois, quelle dynamique, et comme il est enrichissant et instructif d'analyser les raisons d'une chute et de comprendre comment et pourquoi le mouvement a repris le dessus, le moteur s'est fait à nouveau entendre ! Il existe une indescriptible allégresse intérieure à ressentir que votre volonté l'a emporté sur votre démon et que l'estime de soi est revenue, que vous en savez un peu plus sur vous-même. Et que ce nouveau savoir constitue une force. Puisque, au-delà de l'estime de soi, vient poindre, comme une lumière pour définitivement tuer la nuit, la maîtrise de soi.

32

Tomber sept fois ? J'en ai déjà répertorié cinq.

La sixième sera la plus magistrale : l'hôpital Cochin. Les poumons en cours de destruction ; la bactérie inconnue ; la fibroscopie ; l'anesthésie générale ; le service de réanimation ; la machine à ventiler ; le coma, l'expérience de « mort approchée » ; la traversée des eaux noires, les apparitions, les hallucinations, les mystères de ce trou cauchemardesque et de cette lumière irréelle, la dimension blanche – et puis le retour à la vie. La respiration naturelle, la libération, puisque sortir de ce genre de traumatisme équivaut à sortir de prison.

Le miraculeux apprentissage des bonheurs élémentaires, un morceau de ciel aperçu le matin dans le coin de fenêtre d'une chambre, la joie éprouvée à chaque visite de Françoise, une sonate de Schubert, les pieds nus sur le sable, tout est beau et miracle. J'ai failli mourir. Je ne suis pas mort. J'en sors plus averti et plus ouvert à tout et aux autres. Et le sourire que je vois naître correspond à celui du sage, à celui d'une sérénité enfin trouvée.

Comment dès lors peut-il se faire qu'après cette expérience ultime je sois tombé une septième fois ? Et que ma dépression m'ait fait renier et balayer les vertus et les leçons que j'avais retenues de cette renaissance ? Je l'ignore. J'ai suffisamment répertorié les raisons de ma dépression – situation professionnelle de blocage – inadaptation à ce blocage – excès de stress et de défis accumulés depuis des années – et surtout l'irruption du doute qui, comme un barrage dont les digues cèdent, ouvre la voie à toutes les inquiétudes, les faiblesses, les contradictions, pour ne pas me répéter. Mais une conversation révélatrice avec un médecin psychiatre m'a permis d'étudier une hypothèse : c'est bien peut-être parce que j'avais fait cet aller et retour mortel en salle de réanimation que j'ai été, plus tard, victime d'une dépression. Ce n'est pas une explication suffisante, ni principale, mais une réponse supplémentaire à l'énigmatique question : « pourquoi avoir déprimé ? ».

– Oui, m'a dit ce spécialiste, la dépression consécutive à une anesthésie générale et à un séjour en réanimation est tout à fait envisageable. Ce problème a été reconnu par beaucoup de médecins. Il nous interpelle.

– Vous voulez dire, l'interrogeai-je, que huit ans plus tard, j'aurais subi ce contre-effet ?

– C'est une éventualité. Logiquement, bien sûr,

après avoir vécu un tel *down* et une sortie aussi *up*, aussi *high* et euphorique, cela aurait dû intervenir plus tôt. Mais...

– Mais quoi ?

– Mais on ne sait jamais. En fait, on ne sait pas très bien. Ce qui est sûr, c'est qu'on a observé une fréquence accrue des dépressions chez ceux qui avaient fait un séjour en salle de réanimation. Ce n'est pas un fait généralisé, mais on l'a remarqué. Ce n'était pas forcément dû à l'acte chirurgical ou à l'anesthésie ou aux deux, quoique ce soit surtout le cas quand il y a eu des anesthésies générales – mais c'était aussi dû à l'ambiance des lieux, aux accessoires, à la situation elle-même, aux conditions mêmes du passage en réanimation.

– Vous voulez dire : la nuit qui se confond avec le jour – plus de repères, ni de points fixes – le temps et l'espace qui sont déformés – la lumière artificielle, les poignets attachés pour ne pas arracher le tube de la ventilation – les visions d'une infirmière qui serait venue pour me nuire alors qu'elle n'existe que dans ma paranoïa – les effets inconnus des morphiniques et des hypnotiques – les entrées et sorties en coma artificiel – où suis-je ? – que fais-je ? – quel jour sommes-nous ? – les deux anesthésies – celle qui précédait l'intubation, celle qui précédait l'extubation – les bruits de l'hôpital – la lutte contre la tentation de la mort – ce conflit entre une voix qui dit « bats-toi » et l'autre qui dit « résigne-toi » – les petits bonshommes et la couleur orange de mes cau-

216

chemars ? Vous voulez dire que c'est tout ça, huit ans plus tard, qui aurait fabriqué une couche sédimentaire propice à une dépression ?

– Peut-être. Tout cela vous avait sans doute beaucoup appris. Mais vous avez retrouvé vos fonctions, vous les avez reprises, peut-être trop vite, au même rythme d'une vie dans un milieu fébrile, concurrentiel, où la notoriété et le pouvoir vous servaient de protection et d'excitant, mais portaient aussi un grand danger. À Cochin, vous étiez sorti guéri. Vous n'étiez pas sorti indemne.

– D'accord, d'accord, je veux bien que les conditions d'un aller-retour entre la vie et la mort, la mort et la vie, aient pénétré ma psyché – mais qu'elles aient resurgi aussi tardivement ? Est-ce plausible ?

– Ce n'est qu'une hypothèse, mais retenez ceci : le corps a une mémoire, votre psyché aussi. Quand le pan d'une falaise s'écroule soudain dans la mer, tout le monde sait bien que ce n'est pas une fêlure spontanée et immédiate qui a provoqué cette chute. Il y a déjà très longtemps que les fissures et les craquements souterrains avaient commencé leur invisible travail de sape.

33

Un poète latin a écrit : « Il faut savoir accueillir ta douleur, car tu apprendras d'elle. »

Que devons-nous apprendre ? Que pourrais-je apprendre à celles et ceux qui me lisent ?

J'ai appris de cette douleur qu'il ne faut pas, à peine apparaît-elle, se réfugier dans le silence, l'interrogation, la gêne. Ça peut se reconnaître, une dépression. Pour les médecins, les symptômes sont typiques, répertoriés, évidents. Alors, il ne faut surtout pas attendre pour consulter, surtout pas. Il faut laisser de côté votre orgueil, vos vanités ou vos scrupules, vos faux-semblants, vos mensonges et vos masques. Accepter la vérité, c'est déjà un remède. Consulter un médecin psychiatre ne constitue ni une faiblesse ni une tare. La dépression est une maladie. Ça se soigne. On en guérit.

Ceux qui vous aiment, laissez-les vous soutenir,

n'ayez aucune honte à crier au secours, à réclamer de l'aide. Faites confiance aux autres puisque vous ne pouvez plus vous faire confiance. Faites confiance à leur amour. Il sauve de tout.

Prenez vos médicaments dans une stricte et constante discipline, sans aucun écart, pendant tout le temps qu'il faudra et s'ils ne conviennent pas, si le traitement ne marche pas, changez-en. Le Prozac n'a pas fonctionné pour moi, il fonctionnait pour d'autres. L'Effexor n'a pas marché avec moi, il était efficace avec d'autres. L'Anafranil a marché. Chaque corps répond d'une manière différente à une molécule différente. Il faut trouver la bonne, mais il faut savoir ceci : elle existe.

N'hésitez pas à consulter un autre spécialiste, quitte à revenir, ensuite, à celui qui vous connaît et vous suit depuis le début.

Et quand cela commence à sembler aller mieux, n'abandonnez pas le traitement autrement qu'à un rythme lent, en suivant les conseils de prudence, de progressivité.

Le temps fait son œuvre. Le temps joue son rôle dans une guérison Il faut être patient. Il faut savoir attendre, souffrir, et donc faire preuve de courage.

Il faut raisonner avec soi-même. Ne pas s'isoler, ne pas s'enfermer dans une prison psychique, ne pas tomber amoureux de sa maladie, ne pas se complaire dans un chagrin qui assèche. Par conséquent, faire l'effort de se nourrir, même si l'on n'a pas faim, boire, même si l'on n'a pas soif. Tenter autant que possible de pratiquer un quelconque exercice physique. Ne pas se laisser partir à la dérive : une respiration, une expiration, un peu de marche, quelque chose. Ne pas donner à la broyeuse une trop grande chance de prendre possession de votre poitrine, votre ventre, vos muscles. Il faut lutter.

Il faut parler. Aux proches, s'ils sont capables d'écouter. À des professionnels, puisqu'ils savent le faire. Mais parlez, ne tombez pas dans le silence qui sépare des autres, ravage la vie quotidienne, peut détruire un environnement familial, un tissu relationnel. Et ne vous livrez pas à l'autodépréciation.

Il faut chercher la lucidité, comprendre que si ceux qui vous aiment ont supporté votre dépression si longtemps, avec autant de bienveillance et de commisération, d'entraide, c'est parce qu'ils vous aimaient, certes – mais aussi parce que vous ne valez pas totalement rien – alors arrêtez de vous assassiner.

Quelque chose de mystérieux qui s'appelle le retour de la volonté, la nécessité de corriger la faute, la prise de conscience de sa valeur, va surgir à un moment ou un autre. Rien n'est fatal, rien n'est définitif, tout est affaire d'énergie. Elle n'est jamais complètement éteinte. Et puis aussi, et enfin, il faut savoir que la chance peut intervenir. Et puis aussi, et enfin, il reste ce que l'on appelle l'espoir.

Je sais bien et j'imagine aisément que ces quelques préceptes peuvent paraître « plus faciles à dire qu'à faire », pour utiliser une formule passe-partout. Je sais que si l'on est prisonnier de la broyeuse, perdu au profond de ses ténèbres en pleine détresse, enserré par les corbeaux noirs de l'Inquiétude, on est capable de rejeter ces leçons et d'exprimer, dans un ricanement triste et résigné, je ne sais quel « cause toujours ! ».

Mais je ne « cause » pas dans le vide, je ne m'exprime pas de nulle part, je crois savoir de quoi je parle. J'ai été ce que vous êtes. Vous serez ce que je suis. Je ne suis ni plus fort ni plus faible que vous. Je n'avais jamais rien connu de tel. Je l'ai vécu, j'en suis sorti, j'en reviens. Alors, à travers le rideau opaque de votre détresse, retenez ceci : une situation s'est dénouée ; j'ai été aimé et aidé ; un médicament a parfaitement convenu ; le temps a œuvré ; j'ai fait le reste.

34

« Tu apprendras d'elle. » Quel est l'héritage d'une dépression ? Qu'ai-je reçu que je n'avais pas ou que j'avais oublié ?

Un peu plus de modestie, une forte dose du sens de la relativité des choses, la conscience que ta douleur ne pèse d'aucun poids par rapport à celle de tant d'autres. Le simple recul d'un demi-millimètre sur toi-même, et tu mesures à quel point tes plaintes et souffrances n'étaient que pleurnicheries, eu égard à la misère absolue des condamnés de cette terre.

L'admission qu'il existe des forces obscures qui peuvent déclencher ce mal. Nul ne sait entièrement et précisément ce qui fait naître une dépression. Nul ne se connaît intégralement. Apprendre à se connaître.

Absolue nécessité de l'humour et du rire. Le déprimé ne peut plus rire. Or, il faut savoir que le clown n'est jamais éloigné du sage. Et qu'on se renforce en comprenant le ridicule de certains gestes

– en acceptant la part de notre farce. On s'en moque, on en rit et l'on en sort apaisé et plus clairvoyant.

Apprendre à poser sur les autres un regard aussi compassionnel que celui que l'on avait souhaité que l'on posât sur soi, quand on était « brisé en bas ».

Ne jamais dire à un déprimé : « Prends sur toi », puisqu'il ne peut plus rien prendre sur lui-même. Mais lui dire : « Prends sur les autres. » Ne pas lui dire : « Tiens bon. » Mais lui dire : « Je vais t'aider. »

Le problème, avec un déprimé, c'est qu'il a souvent raison : son désespoir peut l'amener à voir les gens et les choses avec la lucidité désarmante, décapante, de celui qui ne possède plus rien. Ne pas oublier ces moments de vérité, ces révélations de qui est vraiment qui, de qui vaut vraiment quoi.

Enfin, et par-dessus tout, l'« attention aux autres », vertu chrétienne, vertu universelle.

« Les plus grandes victoires sont les victoires intérieures. » Ne pas trop afficher cette victoire qui est votre guérison, mais en retirer suffisamment de certitude vis-à-vis de votre propre résilience. Car il n'est rien de plus fort que celui qui a succombé, puis surmonté une faiblesse, et ce n'est jamais une faiblesse d'admettre qu'on en a été la victime.

Être définitivement convaincu que si tout dans la vie peut encore vous arriver, cela, cette chose, vous ne la permettrez plus, puisque maintenant vous savez, puisque l'expérience est le seul critère de jugement.

35

Ne pas oublier ceux qui furent immondes, les imbéciles et les salauds, mais se tourner plutôt vers ceux qui, comme l'« Auvergnat » de la célèbre chanson de Brassens, m'ont

« donné quatre bouts de bois
Quand dans ma vie, il faisait froid ».
Elle est donc à eux, cette chanson :
à Alain M. et à Pierre H. ;
à Pierre B. et à Jean-François M. ;
à Jean-Pierre L. et à Jean-Loup D. ;
à Jérôme S. et à Jean C. ;
à Tom W. et au docteur C.
À leurs femmes ou à leurs compagnes.
À Anne B. et à Karine L.
Enfin, encore une fois, à ma femme et à tous mes enfants.

36

« Le corps a une mémoire », m'avait dit le toubib.
Il paraît que, par un phénomène mystérieux et
inexpliqué, la mémoire d'une grave maladie, d'un
choc de santé, peut s'inscrire sur l'ongle d'un de
vos doigts. Il est exact que le pouce de ma main
droite ressemble, depuis quelques années maintenant, à une succession de deux microscopiques col-
lines entre lesquelles on verrait une infiniment
petite vallée. Deux bosses séparées par un petit
creux. À chaque fois que je coupe mes ongles, je
peux toujours espérer que la pince fera disparaître
cette bizarrerie et qu'en repoussant, l'ongle rede-
viendra plat, lisse et sans relief.
Il n'en est rien : l'histoire ne s'efface pas. La première colline représenterait peut-être Cochin et la
mort approchée, le voyage en réanimation. La petite
vallée, le petit creux, ce serait la période de temps
pendant laquelle il ne m'est rien arrivé de sérieux.
La seconde colline serait l'empreinte laissée par la
dépression. Je regarde ce pouce et cet ongle et je

pense, alors, en souriant, au Festival international du film de Cannes 2001.

Quel rapport avec l'ongle d'un pouce ? m'objectera-t-on.

Épilogue

C'était le soir de la clôture, le grand gala. Smokings et paillettes, remise de récompenses, annonce de la Palme d'Or et de tous les autres prix.

Fébrilité, rumeurs, pronostics. Le Tout-Cinéma, le Tout-Cannes, les « marches », les photographes et, surtout, cette sensation de délivrance qui nous avait envahis, nous les dix hommes et femmes, membres du jury, qui détenions les secrets du palmarès. C'était fini. Ça avait été fatigant, passionnant, difficile, mais c'était fini, c'était la fête !

Membre de ce jury, présidé par l'actrice-réalisatrice Liv Ullmann, j'avais été choisi pour lire, à sa place, la traduction française d'un texte auquel elle avait beaucoup œuvré. Il voulait exprimer, à la fin de nos délibérations, ce qui, selon elle, nous avait divisés, et son refus poli, mais impuissant, des choix que la majorité du jury avait imposés à la présidente. Elle voulait aussi saluer l'esprit dans lequel nos discussions et débats avaient eu lieu, et dire qu'elle restait solidaire du groupe qui s'était aimé, avait ri, argumenté et polémiqué, même si le palmarès que nous allions annoncer ne reflétait pas forcément ses propres goûts. Et que, dans son souci de consensus, cette femme respectable, imprégnée d'un penchant pour la discipline et d'un sens du devoir, élevée dans une conception protestante du groupe qui l'emporte sur l'individu, assumait nos choix et qu'elle était fière du travail que nous avions accompli ensemble.

Dans les coulisses du Palais, après l'ultime répétition, et avant le « top-départ » que donneraient les assistantes du réalisateur de la cérémonie, il régnait une atmosphère de détente, de jubilation. On s'embrassait, on rigolait, on se lâchait. Pour moi, je prenais conscience que tout cela (films, enjeux, confrontations verbales, prises de position violentes ou consternées, votes et contre-votes) s'en allait déjà derrière nous et que, finalement, c'était à la fois très important et très futile. Après tout, il ne s'agissait que d'un moment dans nos vies, une fugace parenthèse, douze jours pendant lesquels le monde extérieur avait été oublié.

Rien n'avait compté d'autre que les films, les films, les films. La terre avait tourné, des milliards d'êtres humains sur la planète avaient vécu, combattu, étaient morts de faim, de soif, de misère, d'ignorance et de cruauté. Et nous étions restés enfermés dans notre bulle et nous avions joui de cet intervalle irréel, tout en mesurant l'artifice et l'impermanence de notre expérience. Nous avions joué une comédie, mais avec sincérité, une incroyable intensité, du sérieux et de la fougue, de la passion et de la conviction. Nos réunions avaient été interminables. Ah ! comme elle aimait faire des « meetings », comme elle disait, la Présidente. Comme cela correspondait à son sens de l'organisation, son penchant pour la chose bien faite, pour l'application de règles qu'elle avait annoncées dès le premier jour de notre première rencontre, et comme cela rassurait aussi sa réelle anxiété dissimulée par un masque limpide ! C'était souvent fastidieux, répétitif, mais les réunions avaient révélé la personnalité de chacun. Et maintenant, quelques secondes avant d'entrer en scène, l'un derrière l'autre, dans un ordre défini par le réalisateur, je les regardais et j'étais gagné par un sentiment de tendresse à l'égard de ces gens de cinéma, ces êtres sensibles aux côtés de qui j'avais vécu de façon si intime, aussi vigoureux que fragiles, étranges alliages de cristal et d'acier, comme tous les artistes de la pellicule – qu'ils fussent comédiens, scénaristes ou metteurs en scène.

Mathieu Kassovitz, avec son sens aigu de la dialectique, son don et sa compétence pour démolir ou défendre un film, son énergie ludique ; Sandrine Kiberlain, avec son sourire intelligent, sa franchise, l'élégance brusque avec laquelle elle avait exprimé un jour que la santé de sa petite fille qui l'attendait dans la chambre d'un palace comptait tout de même un petit peu plus que nos délibérations ; Charlotte Gainsbourg, avec sa pudeur et cette retenue proche de l'inhibition qui lui faisait hésiter avant de donner un avis de sa voix douce, à peine audible et pourtant juste, privilégiant l'émotion plutôt que la froide technique ; Edward Yang, subtil et courtois Asiatique, en recul, comme s'il jouait de son temps avant de livrer une opinion qui pèserait lourd, compte tenu de son talent et du respect et de l'estime que nous portions à son œuvre ; Terry Gilliam, ogre et clown créatif, ravageur, fantastique manipulateur de groupe dont l'humour et la vivacité des saillies verbales nous faisaient penser qu'après tout, c'était lui qui finissait par avoir raison ; Julia Ormond, solennellement attachée à ne jamais être dupe et à faire valoir le bourdonnement de sa réflexion, le bon déroulement de sa pensée et qui, pourtant, avait éclaté en sanglots en pleine discussion à l'évocation d'un souvenir de tournage d'un film en Russie ; et aussi Moufida Tlatli et Mimmo Calopresti, convaincus et militants, elle avec un excès de modestie, lui avec l'esprit aigu et la fausse légèreté des Italiens, et enfin Liv dont j'ai déjà parlé – tous en rang derrière le rideau pour la grande scène finale, et moi, dont je ne savais guère comment ils avaient, de leur côté, jugé mes paroles et mes attitudes, mes choix et la justification de ces choix. J'avais espéré leur sembler ferme, sûr de mon discours, solide. Avaient-ils deviné d'où je revenais ? Le président du Festival, Gilles Jacob, le savait, lui qui m'avait généreusement choisi pour faire partie du jury et avait proposé mon nom à ses administra-

232

teurs, quelques mois auparavant. Mesuraient-ils qu'ils avaient pris un risque ?

Je sortais, enfin, et assurément, de la post-convalescence. On était en mai 2001, et mon affaire avait démarré en septembre 1999. Si l'on calcule bien, j'avais été malade à en crever jusqu'en juillet 2000 – onze mois de pure et totale dépression. La lente remontée avait duré jusqu'en octobre 2000. Ensuite, très doucement, j'avais retrouvé mes équilibres. En février 2001, j'allais pratiquement très bien. J'avais abandonné l'Anafranil. Le psychiatre m'avait fait prudemment « descendre » pendant l'automne et l'hiver, j'avais suivi ses consignes à la lettre, je m'étais déshabitué, désaccroché. J'avais ensuite arrêté l'Arcalion, et enfin, les gouttes de Lysanxia. Ma vision était claire, mes nuits étaient calmes, la broyeuse avait depuis longtemps cessé de tourner et la poitrine ne suait plus au réveil. J'étais en pleine guérison, la dernière ordonnance ne prescrivait plus qu'un Lexomil par jour.

Un homme, Vincent B., m'avait, à la belle manière altruiste de Jean Farran, trente ans plus tôt, tendu la main et proposé de devenir son conseiller en médias. Une page se tournait pour moi, grâce à lui. D'ici un mois, juste après Cannes, je quitterais définitivement RTL, abandonnant sans regret une fonction que j'avais aimée mais qui m'avait entamé, et renonçant avec un sentiment de libération à une ambition qui avait failli me défaire. Tout cela avait duré, quoi ?, près de deux ans. J'y pensais au milieu

de mes co-jurés, amis provisoires, nous nous quitte-
rions le lendemain matin, et peut-être ne nous rever-
rions plus.

Nous sommes arrivés sur la scène, nous nous sommes assis côté cour, à gauche en entrant, sur les
chaises destinées à ce jury dont deux mille invités
et spectateurs attendaient le verdict. Après le discours, la maîtresse de cérémonie, l'actrice Charlotte
Rampling, m'a fait signe et je me suis levé pour aller
jusqu'au milieu de la scène, face au micro et aux
caméras de Canal Plus qui retransmettaient la cérémonie en direct. C'était une courte déclaration, à
peine un feuillet, mais je l'ai lue en dosant mon
temps, car je savais que mes co-jurés et la Présidente
attendaient cela de moi : que les choses soient dites,
et bien dites. Je me rendais compte, en m'écoutant
parler, que j'avais retrouvé le timbre réel de ma voix
véritable. J'en jouais un peu, en « pro de l'audiovi-
suel », et, ayant suffisamment lu et relu ce texte que
j'avais d'ailleurs traduit, puisque Liv l'avait rédigé
en anglais, il m'était possible de le dire sans avoir
recours à une feuille de papier.

Alors, je pouvais relever la tête, m'adressant à la
salle, aux occupants des rangs d'orchestre et des
balcons et, au-delà, je le savais, à quelques amis, à
ma famille, et enfin à celles et ceux qui, dans les
métiers que je pratique (journalisme, cinéma, télé,
radio, littérature), s'intéressent toujours à ce
moment attendu et se trouvaient sans doute devant
leurs récepteurs à Cannes, à Paris ou ailleurs.

Comme souvent dans ce genre de circonstances, je me dédoublais, si bien qu'en accomplissant cette petite tâche, je m'observais en train de la faire. J'avais retrouvé cette faculté de recul sur soi qui vous permet d'agir tout en jugeant la validité ou la nullité de votre action. En d'autres termes, je me sentais maître de ma personne, au point de me dire tout en m'écoutant : « Ça va, tu t'en tires bien. »

Mais d'ajouter aussitôt : « N'en fais pas trop, mon p'tit gars, sois sobre. »

Le texte n'était pas long et cette prestation, très secondaire eu égard aux attributions de prix qui allaient suivre, n'a pas duré plus de deux à trois minutes. Mais c'est à cet instant-là que j'ai pensé simultanément à celles et ceux qui m'avaient déclaré mort, au petit nombre d'amis qui m'avaient fidèlement soutenu et, surtout, à Françoise, dont je savais la présence dans la salle. Bien que mes yeux l'aient cherchée en balayant les premiers rangs, je n'avais pas pu repérer son beau visage, mais je savais qu'elle était là, quelque part, au milieu des pingouins et des poupées, et c'était à elle, et à elle seule, finalement, que je disais sans le dire :

– Cet instant nous appartient. Tu vois, mon amour, ça va bien, je suis guéri. Tu peux cesser d'avoir peur.

En retournant vers la tribune où siégeaient les jurés, j'ai jeté un regard sur le papier que je tenais entre le pouce et l'index de ma main droite et j'ai très précisément vu, alors, la petite bosse et la petite vallée sur l'ongle du pouce. Le signe du travail du temps, du passage de la douleur. Du passé de la douleur.

C'est aussi ce soir-là, au retour du dîner de clôture, que j'ai arrêté la dernière de mes médications et que j'ai jeté la boîte de Lexomil, avec l'ordonnance, dans la corbeille de la chambre de l'Hôtel Majestic, sur la Croisette, à Cannes, dans les Alpes-Maritimes, en France.

*La composition de cet ouvrage
a été réalisée par I.G.S. Charente Photogravure,
à l'Isle-d'Espagnac,
l'impression et le brochage ont été effectués
sur presse Cameron dans les ateliers
de Bussière Camedan Imprimeries
à Saint-Amand-Montrond (Cher),
pour le compte des Éditions Albin Michel.*

*Achevé d'imprimer en septembre 2003.
N° d'édition : 21934. N° d'impression : 034129/4.
Dépôt légal : septembre 2003.*